W0109870

## A

**X33055-5** Gewöhnlicher Goldfisch
Common Goldfish
Jin-yu (Jin-ji)
Ginkyo (Hibuna)

Photo:
Archiv A.C.S.

**X33425-4** Jikin (Pfauenschwanz)
Jikin (Peakocktail)
Kong-que ji
Jikin

Photo:
F. Teigler / A.C.S.

**X33384-4** Schwarzes Drachenauge (Teleskop)
Black Moor (Dragoneye)
Hei Long-jing
Kurodeme (Kuro demekin)

Photo:
F. Teigler / Archiv A.C.S.

**X33415-5** Brauner Schleierschwanz mit roten Pompons
Brown Veiltail with red pompons
Zong (rong) qiu wen-yu

## B

**(a) X33059-3** (a) Shubunkin (b) Rotschwarzer Goldfisch
**(b) X33058-3** (a) Shubunkin (b) Red & black Goldfish
(a) Cai-se ji (b) Hong-hei ji
(a) Shubunkin (b) Hibuna

Phot
B. Ka

**X33565-5** Kaliko-Schleierschwanz
Caliko Veiltail
Cai-se wen-yu
Kaliko

Phot
B. Teichfisch

**X33414-5** Rotweißer Fächerschwanz mit typischem Mauskop
Red & white Fantail with typical mousehead
Hong-bai hu-die wen-yu

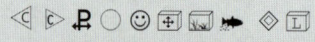

Pho
F. Teigler / Archiv A.C

**X33580-6** Schwarzer Perlschupper
Black Pearlscale
Hei zhen-zhu wen-yu

© AQUALOG Verlag    Liebigstr. 1    D-63110 Rodgau    Germany    Fax: +49 (0)6106 - 64 46 92    e-mail: acs@aqualog.de

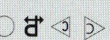

**X33309-6**
Schwarzes Blasenauge
Black Bubble-eye
Hei shui-pao-yan
Kuro suihogan
Photo: Tu Xu Sundries / Archiv A.C.S.

**X33308-5**
Kaliko Blasenauge
Calico Bubble-eye
Cai-se shui-pao-yan
Kaliko suihogan
Photo: Tu Xu Sundries / Archiv A.C.S.

**X33400-6**
Edonishiki
Cai-se lan-shou
Edonishiki
Photo: Mainland Tropical Fishfarm

**X33603-5**
Kaliko Löwenkopf; Kaliko Büffelkopf
Calico Lionhead (Chinese Ranchu)
Cai-se shi-zi-tou
Kaliko shishigashira
Photo: B. Kahl

**X33604-5**
Roter Ranchu mit weißer Schwanzflosse
Red Ranchu with white caudal lobes
Hong lan-shou
Ranchu
Photo: R. Herbst

**X33524-5**
Purpurfarbiger Oranda
Purple Oranda
Zi hu-tou
Chakin Oranda
Photo: Tu Xu Sundries / Archiv A.C.S.

**X33435-4**
Kaliko Hochkopf
Calico Oranda
Cai-se gao-tou
Azumanishiki
Photo: B. Teichfischer

**X33515-4**
Weißer Oranda mit zitronenfarbenem Kopf
Lemon-headed white Oranda
Huang hu-tou
Oranda shishigashira
Photo: B. Teichfischer

# G

# H

**X33097-4** Blauschwarzer Shubunkin
Bluishblack Shubunkin
Hei-bai cai-se ji
Shubunkin

Photo:
F. Teigler / Archiv A.C.S.

**X33385-2** Roter Drachenaugen-Goldfisch
Red Dragoneyed Goldfish
Hong long-jian ji
Demekin funa

Photo:
F. Teigler / Archiv A.C.S.

**X33413-4** Brauner Fächerschwanz mit weißroten Pompons
Brown Fantail with white & red pompon
Zi wen-yu (rong) qiu
Hanafusa

Photo:
B. Teichfischer

**X33668-5** Blauer Fransenschwanz
Blue Fringtail
Lan wen-yu
Seibun

Photo:
R. Herbst

**X33525-6** Rotweißer Ryukin
Red-white Ryukin
Hong-bai liu-qiu wen-yu
Sarasa Ryukin

Photo:
Mainland Tropical Fishfarm

**X33526-4** Kaliko Ryukin
Caliko Ryukin
Cai-se liu-qiu wen-yu
Kaliko Ryukin

Photo:
B. Kahl

**X33557-5** Rotschwarzer Tosakin
Red & black Tosakin (Curly-tailed Fantail)
Tu-zuo iin wen-yu

**X33558-5** Silberfarbener Tosakin
Silverish Tosakin (Curly-tailed Fantail)
Tu-zuo jin wen-yu

# E                                          F

**X33060-3**  Shubunkin, verschiedene Farbschläge
Shubunkin of different tinge
Cai-se ji
Shubunkin

Photo:
Archiv A.C.S.

**X33096-4**  Bristol Shubunkin
Bristol Shubunkin
Cai-se yan-wei
Shubunkin

Photo:
B. Teichfischer

**X33387-4**  Rotschwarzes Drachenauge
Red & black Dragoneye (Telescope)
Hong-hei long-jing
Demekin

Photo:
R. Herbst

**X33667-4**  Bronzefarbener Fächerschwanz
Bronzecoloured Fantail
Zong wen-yu

Photo:
R. Herbst

**X33389-4**  Rotschwarzes Drachenauge, hochrückige Variante
Red & black Dragoneye with high back
Hong-hei long-jing
Demekin

Photo:
A. Lim

**X33527-6**  Roter Ryukin mit leichten Drachenaugen
Red Ryukin with slight Dragoneyes
Hong long-jing wen-yu
Akademe(kin)

Photo:
B. Kahl

**X33555-6**  Roter Tosakin mit weißem Schwanzflossensaum
Red Tosakin with white caudal borders
Tu-zuo jin wen-yu

**X33556-5**  Schwarzgelber Tosakin
Black & yellow Tosakin (Curly-tailed Fantail)
Tu-zuo jin wen-yu

X33086-3 Elsternfarbiger (Panda) Goldfisch
Magpie (Panda) Goldfish
Xi-que (hua) ji
Panda hibuna

Photo:
F. Teigler / Archiv A.C.S.

X33566-5 Rotschwarzer Schleierschwanz
Red & black Veiltail
Hong-hei wen-yu

Photo:
B. Teichfischer

X33412-4 Roter Fächerschwanz mit weißen Flossenenden
Red Fantail with white fin lobs
Bai shan-wei wen-yu

Photo:
B. Teichfischer

X33579-3 Rotweiße und Kaliko Perlschupper
Red & white and Calico Pearlscales
Hong-bai, Cai-se feng-wei zhen-zhu

X33085-3 Rotweißer (Sarasa) Komet
Red & white (Sarasa) Comet
Hua yan-wei ji
Sarasa komet

Photo:
B. Kahl

X33386-4 Kaliko Drachenauge (Kaliko Teleskopfisch)
Calico Dragoneye (Calico Telescope)
Cai-se long-jing
Calico demekin

Photo:
R. Herbst

X33388-4 Elsternfarbiges (Panda) Drachenauge
Magpie (Panda) Dragoneye (Telescope)
Xi-que (hua) long-jing
Panda Deme(kin)

Photo:
B. Teichfischer

X33581-5 Brauner Perlschupper
Brown Pearlscale
Zi zhen-zhu wen-yu

**X33411-5** Rote Kranichkrone oder Rotkappe
Redcaped Lionhead (Red Crane-Crown)
He ding hong
Tancho oranda shishigashira

Photo:
R. Herbst

**X33545-3** Achatauge oder Rotkopf-Teleskopfisch
Telescopeyed Redcap
Hong-ding ma-nao yan; Hong-tou bai long-jing
Tancho deme(kin)

Photo:
B. Teichfischer

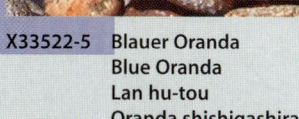

**X33522-5** Blauer Oranda
Blue Oranda
Lan hu-tou
Oranda shishigashira

Photo:
Tu Xu Sundries / Archiv A.C.S.

**X33523-5** Dreifarbiger Jadekopf Oranda
Variegated Jadehead Oranda
San-hua hu-tou
Sanshoku oranda shishigashira

Photo:
Tu Xu Sundries / Archiv A.C.S.

**X33517-3** Rotkappen Löwenkopf (Büffelkopf)
Redcapped Lionhead (chinese Ranchu)
Hong-ding shi-zi-tou
Tancho Ranchu

Photo:
B. Teichfischer

**X33518-6** Schwarzer Löwenkopf (China Star)
Black Lionhead (China Star)
Hei shi-zi-tou
Kuro shishigashira

Photo:
J. A. Burke

**X33306-4** Rotweißes Blasenauge
Red & white Bubble-eye
Hua shui-pao-yan
Sarasa suihogan

Photo:
B. Teichfischer

**X33307-4** Rotschwarzes Blasenauge
Red & black Bubble-eye
Hong-hei shui-pao-yan
Suihogan

Photo:
B. Teichfischer

**X33421-6** Silberig-roter Oranda mit zitronenfarb. Kopf
Silver & red lemon-headed Oranda
Hua hu-tou
Oranda Shishigashira

Photo:
R. Herbst

**X33510-4** Dreifarbiger Oranda
Tripple coloured Oranda
San-hua gao-tou
Sanshoku oranda shishigashira

Photo:
B. Teichfischer

**X33520-5** Rotschwarzer Löwenkopf (Oranda)
Red & black Lionhead (Oranda)
Hong-hei gao-tou; Tie-bao-qin mao-zi
Oranda shishigashira

Photo:
Tu Xu Sundries / Archiv A.C.S.

**X33521-4** Rotschwarzer Drachenaugen Oranda
Red & black Dragoneyed Oranda
Hong-hei long-jing; Tie-bao-qin long-jing gao-tou
Oranda shishigashira

Photo:
Tu Xu Sundries / Archiv A.C.S.

**X33602-4** Roter Ranchu
Red Ranchu
Hong lan-shou
Ranchu

Photo:
B. Teichfischer

**X33516-3** Weißer Löwenkopf (Büffelkopf)
White Lionhead (chinese Ranchu)
Bai shi-zi-tou
Ranchu

Photo:
B. Teichfischer

**X33446-3** Rotschwarzer Himmelsgucker
Red & black Celestial
Hong-hei zhao-tian yan
Chotengan

Photo:
R. Herbst

**X33305-4** Verschiedene Blasenaugen
Red, red & white, red & black Bubble-eyes
Shui-pao-yan
Suihogan

Photo:
B. Teichfischer

**5**

X33505-5  Roter Oranda mit weißen Flossenrändern
Red Oranda with white fin borders
Hong gao-tou
Akairo Oranda

Photo:
B. Teichfischer

(a) X33500-5  (a) Roter und (b) Rotweißer Oranda
(b) X33501-5  (a) Red & (b) Red & white Oranda
(a) Hong  (b) Hong-bai hu-tou
(a) Akairo (b) Akashiro Oranda

Pho
Archiv A.C

**6**

X33519-3  Rotschwarzer Oranda
Red & black Oranda
Hong-hei hu-tou
Oranda shishigashira

Photo:
F. Teigler / Archiv A.C.S.

X33550-5  Brauner Oranda
Brown Oranda
Zi gao-tou
Chakin (Oranda)

Phot
B. Teichfisch

**7**

X33600-6  Rotweißer Ranchu
Red & white Ranchu
Hong-bai lan-shou
Akashiro Ranchu

Photo:
A. Lim

X33601-5  Rotweißer Jadekopf Ranchu
Red & white Jadehead Ranchu
Hong-bai yu-tou lan-shou
Akashiro Ranchu

Phot
B. Teichfisch

**8**

X33401-6  Roter Eierfisch mit Nasenbukett (Pompons)
Red Eggfisch with narial bouqet (pompons)
Hong dan (rong) qiu
Hanafusa

Photo:
Tu Xu Sundries / Archiv A.C.S.

X33445-3  Rote Himmelsgucker
Red Celestials
Hong zhao-tian yan
Aka Chotengan

Photo
B. Kah

# Goldfische und Schleierschwänze

Karl-Heinz Bernhardt

Bilder:
Wir danken den nachfolgend aufgelisteten Spezialisten, Firmen, Züchtern und Aquarianern für die freundliche Überlassung ihrer Dias und für ihre Beratung, auch denen, die wir eventuell vergessen haben zu erwähnen.

**Dandy Oranda's Hideaway,** Semmers, Alabama
**Mainland Tropical Fish Farm,** Singapur
**Two Birds Boldfish Farm,** Valley Springs, California

| | |
|---|---|
| **Burkhard Kahl** | **Alvin B. Lim** |
| **Hans J. Mayland** | **Peter Sicka** |
| **Bernhard Teichfischer** | **Frank Teigler** |
| **Frank Schäfer** | **Kenichi Yamawaki** |
| **Erwin Schraml** | **R. Herbst** |
| **J. A. Burke** | **Tu Xu Sundries** |

**Aquarium Glaser GmbH,**
die uns von ihren wöchentlichen Importen immer fotogene Tiere zur Verfügung stellen.

*amtra* - **Aquaristik GmbH,**
für die zur Verfügung gestellten Fotobecken und Hilfsmittel zum Testen.

**Haftung:**
Alle Angaben in diesem Buch sind nach bestem Wissen und Gewissen niedergeschrieben.
Für eventuelle Fehler schließen die Autoren und der Verlag jegliche Haftung aus.
Jegliche Haftung und Gewähr für die in diesem Buch befindlichen Anleitungen, Vorschläge oder Rezepturen, ist seitens des Autors oder des Verlages für Personen-, Sach- oder Vermögensschäden ausgeschlossen.
Mit dem Erwerb dieses Buches erkennt der Eigentümer diesen Haftungsausschluß ausdrücklich an.
Alle Rechte vorbehalten, Reproduktion, Speicherung in Datenverarbeitungsanlagen, Wiedergabe auf elektronischen, fotomechanischen oder ähnlichen Wegen, Funk und Vortrag - auch auszugsweise nur mit ausdrücklicher Genehmigung des Verlages.

Weitere nützliche Tips und Pflegehinweise finden Sie immer in der, alle sechs Wochen neu erscheinenden ersten und einzigen internationalen Zeitung für Aquarianer AQUALOG *news*. Auch werden immer die neuesten Zuchtberichte darin veröffentlicht. Sie erscheint wahlweise in deutscher oder englischer Sprache. Sie erhalten die *news* im guten Zoofachhandel oder im Abonnement direkt vom Verlag. Fordern Sie ein kostenloses Probeexemplar an.

**Weitere Literaturhinweise finden Sie am Ende dieses Buches auf Seite 47.**

Die Deutsche Bibliothek - CIP-Einheitsaufnahme

**AQUALOG:** *Special* - Serie Ratgeber
Mörfelden-Walldorf: A.C.S.
Goldfische und Schleierschwänze - 1998

Goldfische und Schleierschwänze
Karl-Heinz Bernhardt - Mörfelden-Walldorf: A.C.S.
(Aqualog)

ISBN 3 - 931702 - 46 - 4
NE: Bernhardt, Karl-Heinz

© **Copyright by:**     Verlag A.C.S. GmbH
Rothwiesenring 5,
D-64546 Mörfelden-Walldorf
Germany

**Texte und fachliche Bearbeitung:**
Karl-Heinz Bernhardt
**Wissenschaftliche Beratung:**
Dipl. Biologe Frank Schäfer
**Übersetzungen:**
Shahnaz Durrani-Bernhardt & K.-H. Bernhardt
**Index und Organisation:**
Wolfgang Glaser
**Redaktion:**
Dipl. Biologe Frank Schäfer
**Titelgestaltung:**
Gabriele Geiß, Büro für Grafik, Frankfurt a.M.

**Druck, Satz, Verarbeitung:**
Lithos: Verlag A.C.S.
Bildbearbeitung: Frank Teigler
Druck: Giese-Druck, Offenbach

Gedruckt auf EURO ART glänzend, 100% chlorfrei von PWA, umweltfreundlich.

Redaktionsanschrift:
AQUALOG Verlag GmbH
Liebigstraße 1
D-63110 Rodgau
Fax: +49 (0) 6106 - 644692
E-mail: acs@aqualog.de
http://www.aqualog.de

**PRINTED IN GERMANY**

**Titelphotos:** Kaliko-Fächerschwanz (Photo: Archiv A.C.S.), Rote Kranichkrone (Photo: B. Kahl), Shubunkin, einfacher Goldfisch (Photos: F. Teigler, Archiv A.C.S.)
**S. 2/3:** Goldfische (Photo: Archiv A.C.S.)

# Inhalt

# Vorstellung des Autors

*Der Autor in jungen Jahren während eines Chinaaufenthaltes im Wohnheim der Peking-universität. Auf dem Schreibtisch ein Goldfisch-glas mit „Schleier-schwänzen", beides vom örtlichen Markt.*

*Eine chinesische Mantis oder Fangheuschrecke (Tang-lang), deren Bewegungen im Tang-lang Kung-fu, einer der vielen Stilrichtungen der chinesischen Form der Selbstverteidigung nachempfunden werden.*

*Photos: K.-H. Bernhardt*

Geboren im Jahre 1953 soll mein erstes Interesse dem väterlichen Aquarium gegolten haben, vor welchem ich als Kleinkind stundenlang gesessen haben soll. Die ersten Fische, an die ich mich wirklich erinnern kann, waren aber die Goldfische, welche mein Vater in einem Aquarium auf dem Treppenabsatz vor dem Haus pflegte und die großen Goldfische im Teich des Gartenlokales der örtlichen Eisdiele. Bei dieser ersten Liebe ist es dann auch geblieben, wenn auch erst noch verschiedenes anderes „Getier" dazwischen kam.

Während der Schulzeit wurde das erste Aquarium angeschafft, dem bald nacheinander vier weitere folgen sollten. Darin wurden neben Fischen auch immer wieder heimische Amphibien wie Teichmolche, Gelbbauch-unken, Frösche, etc. gepflegt, welche aus den Gräben der nahen Felder und einem Tümpel des nächsten Wäldchens geholt wurden. Alle Tiere wurden jedoch nach wenigen Wochen oder mehreren Jahren wieder in ihre Heimatgewässer entlassen.

Während der Bundeswehrzeit mußten leider alle Aquarien aufgegeben werden. Es sollte eine längere Pause in Sachen Aquaristik werden, aber mit einer kleinen Ausnahme, wie wir gleich noch hören werden. Nach dem Wehrdienst schloß sich das Studium der Sinologie, Japanologie und Germanistik an, wobei der Schwerpunkt auf der klassischen Literatur lag. Während dieser Zeit erfolgten zwei Auslandsaufenthalte, ein Jahr an der Chinesischen Universität von Hong Kong und zwei Jahre an der Peking-Universität. Während der beiden Jahre in Peking waren mehrere Goldfische die ständigen Begleiter, welche mangels besserem Behältnisses in einem Goldfischglas auf dem Schreibtisch gepflegt wurden. Trotz der beengten Verhältnisse zeigten die Fische dank wöchentlichem Teilwasserwechsel (mit kurzem Zwischenstop in der Waschschüssel) keinerlei Krankheiten und wurden nach zwei Jahren an einen interessierten Angestellten der Universität übergegeben.

Ein weiteres Hobby war die Fotografie. Doch leider hatte ich in China Tiere nur nebenbei abgelichtet. Das eigentliche Augenmerk galt den Kulturdenkmälen, besonders den alten Klöstern, wobei der Besuch des Shao-lin Klosters einer der Höhepunkte war. Und natürlich wurden die Landschaft und die Leute in ihrer „typischen" Umgebung auf unzähligen Filmen festgehalten. Dennoch blieben viele Tierporträts quer durch alle Gattungen hängen. Hätte man damals schon gewußt, daß einige Jahre später die alte Liebe zu den Goldfischen wieder durchbrechen würde, noch dazu zwei Bücher hierüber entstehen sollten, was hätte man alles besuchen und fotographieren können, auch während der beiden mehrmonatigen Japanaufenthalte.

Nach der Heirat kam dann das erste Kind und das erste Aquarium, welchem später ein weiteres Kind und viele weitere Aquarien und auch Terrarien mit chinesischen Molchen und Schildkröten folgten. Geblieben sind bis heute neben einem Becken mit tropischen Fischen, die Goldfische und natürlich Frau und Kinder.

Karl-Heinz Bernhardt

# Vorwort

China ist eines der faszinierendsten Länder unseres Erdballs. Nicht nur das Schriftsystem mit seinen jahrtausendealten Schriftzeichen, deren Äußeres zwar mehrmals aufgrund von veränderten Schreibmaterialien und -geräten verändert wurde, die Grundform aber beibehielt und somit heute noch lesbar ist, ist faszinierend. Auch die Sprache wird fast von jedem sechsten Bewohner dieses Planeten gesprochen.

Ferner wurden viele wichtige Erfindungen in China gemacht, lange bevor in Europa daran auch nur gedacht wurde, so zum Beispiel Papier und Schwarzpulver, die Buchdruckerkunst, die Karpfenzucht und natürlich auch die Aquaristik. Karpfen wurden in China bereits vor fast zweitausend Jahren gezüchtet und gelangten später von dort nach Japan, wo dann aus verschiedenen Farbschlägen die heute recht bekannten und beliebten Koi (das heißt schlicht Karpfen) gezüchtet wurden, welche eigentlich Nishikigoi, das heißt Brokatkarpfen, genannt werden sollten.

Auch die Kunst der Gartenarchitektur wurde dort schon recht lange auf hohem Niveau gepflegt. Sie ist in ihrer miniaturisierten Form im Westen sehr bekannt, allerdings unter ihrem japanischen Namen. Die beliebten Bonsai (chin. pen-cai; wörtl. in den Topf gepflanzt) stammen aus China, ihre Krönung sind die pen-jing, das heiß "Landschaft im Topf" oder auch "getopfte Landschaften". Fast unbekannt sind bei uns jedoch viele andere lebendige Kunstwerke, zum Beispiel jene, welche jährlich mit Narzissen geschaffen werden. Hierbei dienen Gefäße, Steine, Wurzeln und natürlich Blätter, welche sich durch leichtes, mehr oder weniger langes Anschneiden am Rande in bestimmte Richtungen krümmen oder rollen lassen, als Gestaltungsmerkmale.

Bekannt sind bei uns ferner mehrere Hunderassen, mit dem Pekinesen als bekanntestem Vertreter. Und auch der weltweit wohl älteste Aquarienfisch, sofern wir große Keramikbottiche als Vorläufer der heutigen Aquarien akzeptieren, stammt aus dem Reich der Mitte. Dies ist der Goldfisch oder besser gesagt der Goldgiebel, aus welchem alle heute bekannten Goldfischformen gezüchtet wurden.

In China hat man diese Tiere bereits seit mehreren hundert Jahren gepflegt und gezüchtet. Entsprechend groß ist heute auch die Vielzahl der bekannten Zuchtformen und Farbvarianten. Weitere kommen immer noch hinzu. Es wird vermutet, daß es ungefähr 300 chinesische, etwa 20 bis 30 japanische und einige westliche Zuchtformen gibt. Auf den folgenden Seiten wollen wir uns etwas näher mit diesen überaus interessanten Tieren, fast möchte ich sagen Persönlichkeiten, befassen. Vorgestellt werden neben den Unterscheidungsmerkmalen ihre Pflege, Vermehrung und Krankheiten. Auch Ratschläge zum Kauf werden angeboten. Die vielen einzelnen Zuchtformen werden später im AQUALOG-Bildlexikon "Goldfische und Schleierschwänze" vorgestellt.

*In China findet man häufig krasse Gegensätze zwischen modern und klassisch. Als Beispiel für das Traditionsbewußtsein hier der Bauer mit seinem Wasserbüffel beim Pflügen eines Reisfeldes. Er trägt einen Regenumhang aus bastartigem Material. Im Hintergrund Teeplantagen.*

*links: eine „Skulptur" aus lebenden Narzissen auf einem Bambusgestell. Photos: K.-H. Bernhardt*

## 1. Allgemeines

### 1.1 Systematik

Der Goldfisch gehört zu den Karpfenfischen (Cyprinidae) und dort in die Gattung der Karauschen *(Carassius)*, welche sich von den Karpfen u.a. durch die fehlenden Barteln unterscheiden. Er stammt von der chinesischen Goldkarausche, *Carassius auratus auratus* (LINNÉ, 1758) ab. Gelegentlich bezeichnet man die Art auch als Goldgiebel. Genau so, nämlich *Carassius auratus auratus* lautet der wissenschaftliche Name für all die verschiedenen Goldfisch-Haustierformen, da Zuchtformen nicht mit einem eigenen wissenschaftlichen Namen belegt werden. Wie bei Karpfen und Goldkarausche sind beim Goldfisch die ersten Strahlen der Rückenflosse, so eine vorhanden ist, länger als die Strahlen der restlichen Flosse, die somit eine konkave Form hat. Von der eigentlichen Karausche, *Carassius carassius* (LINNÉ, 1758) lassen sich Goldfisch, Goldkarausche und Giebel (*C. a. gibelio*), die in Westeuropa heimische Unterart der Goldkarausche, sehr leicht an der Rückenflosse unterscheiden, da diese bei der Karausche keine Verlängerung im vorderen Bereich zeigt und somit konvex geformt der Rückenlinie folgt.

Wissenschaftler unterscheiden die Arten anhand der Zahl der sogenannten Kiemenrechen. Bei Goldkarausche und Giebel sind es zwischen 25–31 und bei der Karausche 37–54.

### 1.2 Geschichte der Goldfischzucht

Die ersten Berichte über Goldfische, oder besser gesagt über Goldkarauschen, stammen aus dem alten China zur Zeit der drei Reiche (265–419 n. Chr.). Etwas verläßlicher jedoch ist ein Bericht aus der Tang-Dynastie (619–907), worin vom Auftreten goldfarbener Karauschen in einem See des Xiu-shui-Distriktes berichtet wird. Lange Zeit war der Fang dieser ungewöhnlich gefärbten Fische jedoch verboten, da sie als etwas besonderes betrachtet wurden.
Die ersten orangeroten Goldkarauschen wurden in der Nördlichen Song-Dynastie (960–1127) um die Städte Jia-xing und Hang-zhou entdeckt. In der südlichen Song-Dynastie (1107–1187) wurden bereits künstliche Teiche zur Haltung und Zucht von Goldkarauschen angelegt. Da sich auch der Kaiser mit der Haltung dieser Tiere beschäftigte, wurde dies bald zu einem Hobby des chinesischen Adels. Da zu dieser Zeit die Karpfenzucht in großen Teichanlagen schon seit über 1.000 Jahren praktiziert wurde, ging man nun dazu über, auch den Goldgiebel in größeren Anlagen gezielt nachzuzüchten. Später wurden dann zur Erleichterung der Selektion die Tiere in großen Keramikbottichen gehalten und vermehrt. Hierdurch erhielten nicht nur verschiedene Mutationen eine weit größere Überlebenschance als in der freien Natur, sondern ihre gezielte Nachzucht konnte auch viel besser kontrolliert werden.

Waren Tiere mit geteilter oder verlängerter Schwanzflosse, fehlender Rückenflosse oder vergrößerten Augen im täglichen Überlebenskampf in größeren Gewässern sicherlich benachteiligt, so verlor sich dieser Nachteil in den Keramikbottichen nicht nur, sondern verhalf hier den Tieren gerade zu besonderer Aufmerksamkeit seitens der Züchter.

Die Schaustellung erfolgte wohl schon vorher in Keramikbottichen. Hierdurch wird auch verständlich, warum die verschiedenen Hochzuchtformen des Goldfisches, welche bei uns irrtümlich generell als Schleierschwanz bezeichnet werden, besser von oben betrachtet werden sollten und nicht von der Seite.

Von der Ming-Dynastie (1368–1644) an gehörte die Haltung und Pflege von Goldfischen wohl zu den Lieblingsbeschäftigungen vieler Chinesen und bis heute kann man in China Goldfischgläser und Goldfische auf den Straßenmärkten erwerben. In einem Buch aus der Ming-Dynastie, welches 1569 erschien, werden unter anderem verschiedene Zuchtformen und Farbvarianten genannt. Erwähnt werden rote, weiße und blaue Tiere in verschiedenen Farbzusammensetzungen, sowie Tiere mit dreilappiger und vierlappiger Schwanzflosse, mit Drachenaugen und mit gedrungenem Körper, sowie mit fehlender Rückenflosse.

In der Qing-Dynastie (1616–1911) erreichte die Goldfischzucht in China ihren Höhepunkt. In dieser Zeit entstanden die schwarzen, roten, purpurfarbenen und bunten (kaliko) Farbvarianten, sowie Löwenköpfe, Himmelsgucker, Blasenaugen, Perlschupper, und Tiere mit Pompons.

### 1.3 Die ersten Exporte

Die ersten Goldfische wurden wohl um 1502 aus China nach Japan exportiert und sollen

# Die verschiedenen Zuchtformen
## Zuchtformen und ihr Entstehen

nach Osaka und Edo, dem heutigen Tokyo, gelangt sein. Weitere Exporte folgten und die Tiere wurden in Japan, wo sie „Wakin" genannt wurden, ebenfalls sehr schnell beliebt und bald in größerem Umfang nachgezüchtet.

Im Jahre 1643 kamen die ersten Jesuiten nach Hang-zhou, dem Zentrum der chinesischen Goldfischzuch. Kurze Zeit später wurden von dort Tiere nach Holland gebracht. Möglicherweise gelangten jedoch schon im Jahre 1611 die ersten Tiere nach Portugal, was der früheste mögliche Import nach Europa wäre. Mit Sicherheit wurden die Tiere jedoch erstmals 1728 in Amsterdam nachgezüchtet.

In Frankreich wurden nachweislich 1755 Goldfische als Geschenk an Madame Pompadour übergeben. Nach England gelangten die ersten Goldfische nachweislich erst 1794, doch wurden möglicherweise bereits 1691 und 1782 Tiere nach England gebracht. Noch später gelangten Goldfische in die neue Welt. Erstmalig wurden Tiere 1852 nach San Franzisko importiert und dann nochmals im Jahre 1874 durch Konteradmiral Ammen. Am interessantesten dürften jedoch die Überlebenden der Weltausstellung von 1893 in Chicago gewesen sein, aus welchen die im Westen beliebte Stammform des eigentlichen Schleierschwanzes gezüchtet wurde.

Nach Deutschland wurden zwischen 1883 und 1885 mehrmals Tiere durch Paul Matte importiert, aus welchen dieser den berühmten Matte-Goldfisch züchtete. Hierbei handelte es sich um eine relativ schlanke Schleierform mit lange ausgezogenen Flossen. Leider ist diese Zuchtform heute jedoch nicht mehr erhalten.

### 2. Die verschiedenen Zuchtformen

### 2.1 Zuchtformen und ihr Entstehen

Über die Jahrhunderte hinweg wurden so viele Formen und Farbschläge gezüchtet, daß es nicht ganz leicht ist, genau zu entscheiden, welche Form man nun gerade vor sich hat. Um zu einer einheitlichen Einteilung und Namensgebung zu kommen ist es jedoch sinnvoll, ein gewisses Klassifizierungsschema aufzustellen.

Wie bereits oben erwähnt, ist die bei uns übliche Einteilung in Goldfische und Schleierschwänze nicht ganz richtig und oft wird neben diese beiden Formen noch der Shubunkin als weiterer Typ hinzugestellt. In China und Japan bezeichnet man aber alle diese Zucht-

Der Mattegoldfisch Foto (um 1895) aus Dr. E. Bade (vor 1918): Die ausländischen Aquarienfische.

formen als Goldfische. Die gedrungeneren Schleierformen werden bei uns gelegentlich auch Hochzuchtformen genannt.

Generell gibt es mehrere Unterscheidungskriterien, wonach sich die „klassischen" Formen einteilen lassen. Hierzu gehören die Körperform, die Beflossung (insbesondere Schwanz- und Rückenflosse), die Kopfform (mit Hautwucherungen, Augen, Nasenhöckern und Kiemendeckeln als weitere Unterkriterien) und schließlich noch Beschuppung und Färbung.

Wenn ich hier von den klassischen Formen spreche, so meine ich damit die zum Teil seit hunderten von Jahren in China und Japan gezüchteten Varianten. In neuerer Zeit haben viele Kreuzungen nicht nur zu einem enormen Anwachsen der Form- und Farbkombinationen, sondern auch zu einer gewissen Umständlichkeit bei der Namensgebung geführt. Bei den chinesischen Namen der jüngeren Zuchtformen werden nämlich fast alle Merkmale einfach in einer bestimmten Reihenfolge aufgezählt. Dies führt dann zu so langen Bezeichnungen wie dem Elsternfarbigen Schwalbenschwanz-Drachenauge, einem wunderschönen Fisch, welcher durch diesen Bandwurm von Namen zwar aufs genaueste beschrieben ist, bei uns aber wohl besser als Drachenaugen-Panda bezeichnet wird. Neben diesen „neuen" chinesischen Namen gibt es für viele Zuchtformen auch noch die „traditionellen" chinesischen Namen, welche sich oft auf Personen oder Tiere aus der chinesischen Mythologie beziehen oder von anderweitig bedeutungsvollen Tieren stammen. So wird beispielsweise der gewöhnliche Kranich mit

# Die verschiedenen Zuchtformen
## Herkunft der Zuchtformen

links: Eine Steingravur in Speckstein mit Drachenaugen.
Photo: A. Lim

rechts: Ein Rotes und ein Schwarzes Drachenauge, letzeres nach seinem englischen Namen gelegentlich auch „Moor" oder nach dem japanischen „Kurodeme" (das bedeutet etwa „Schwarzes Glubschauge") genannt.
Photo: K.-H. Bernhardt

uns unter ihrem japanischen Namen bekannt, obwohl es sich ursprünglich um chinesische Züchtungen handelt. Rein japanische Züchtungen werden in der Regel nach dem Ort benannt, wo sie zuerst gezüchtet wurden. Sie haben jedoch in China wieder andere Namen. Dennoch sind auch bei vielen Tieren die chinesischen und japanischen Namen identisch, das heißt, sie werden mit den gleichen chinesischen Schriftzeichen geschrieben, die dann entweder chinesisch oder japanisch ausgesprochen werden. Darüber hinaus werden in der Literatur und im Handel auch gelegentlich die englischen Namen der Tiere verwendet. In England und Amerika erfreuen sich die verschiedensten Hochzuchtformen des Goldfisches schon seit längerem großer Beliebtheit. Um dieser Namensvielfalt „etwas Herr zu werden" sind im demnächst erscheinenden AQUALOG-Bildlexikon „Goldfische und Schleierschwänze" neben den deutschen und englischen Namen auch die chinesischen und japanischen Bezeichnungen aufgeführt.

## 2.2 Herkunft der Zuchtformen

Die meisten der älteren und auch der neueren Zuchtformen sind bei uns eher selten oder gar nicht im Handel anzutreffen, da sie zum Teil recht teuer sind und derzeit (noch) wenige Liebhaber haben. Viele Koihändler bieten jedoch häufig neben den Farbkarpfen auch einige wenige Sorten von Hochzuchtformen des Goldfisches an, so daß man diese auf der Suche nach ausgefallenen Tieren durchaus auch aufsuchen kann. Eine vorherige telefonische Rücksprache bezüglich des derzeitigen Angebotes ist jedoch immer sinnvoll.

Wie bereits erwähnt, stammen nicht alle Hochzuchtformen des Goldfisches aus China. Aus Japan sind ebenfalls viele Zuchtformen bekannt, die bei uns meist auch unter ihren

seinem roten Fleck auf dem Kopf in China auch „Glück-auf-dem-Kopf" genannt, da die Farbe Rot als glückbringend betrachtet wird. Er ist dort ein Symbol für Langlebigkeit und findet sich nicht nur häufig auf Geburtstagskarten, sondern verhalf auch der Roten Kranichkrone zu ihrem Namen, einem weißen Fisch der Schleierform mit einer roten Kopfwucherung, welcher bei uns Kappenfisch, Rotkäppchen oder nach seinem japanischen Namen Tancho Oranda genannt wird.

Des weiteren haben die verschiedenen Hochzuchtformen in Japan häufig andere Namen als in China und oft sind die Tiere bei

Ein Panda mit netzartiger Beschuppung.
Photo: J. H. Mayland

# Die verschiedenen Zuchtformen
## Zuchtformen im Einzelnen

*Blick vom Einsamen Berg (Gu-shan) über den Westsee (Xi-hu) in Hangzhou. Hier, im geschichtsträchtigen Hang-zhou am Westsee, welches als der schönste Ort Chinas gilt und in vielen Gedichten besungen wurde, hat die Goldfischzucht ihren Ursprung.*
*Photo: K.-H. Bernhardt*

japanischen Namen geführt werden, wie etwa Shubunkin, Tosakin, Ryukin usw. Das Schriftzeichen „kin", am Wortanfang „gin" gesprochen, welches in allen obigen Namen erscheint, bedeutet Gold und ist hier als Abkürzung von Goldfisch zu sehen. Auf japanisch heißt der Goldfisch übrigens ginkyo und auf chinesisch jin yu (dchin ü ausgesprochen), wobei es sich in beiden Fällen um die gleichen Schriftzeichen handelt.

Weitere Zuchtformen kommen aus Amerika oder England, wo Goldfische sehr viele Liebhaber haben, von welchen im Laufe der Jahre neue Formen herausgezüchtet wurden. Zu erwähnen sind hier der amerikanische Shubunkin, Komet, Bristol-Shubunkin und London-Shubunkin, sowie die als Schleierschwanz (engl. veiltail) bezeichnete Hochzuchtform. Bei der letzteren Bezeichnung handelt es sich um Tiere mit einer bestimmten Form der Schwanzflosse, welche nicht mit dem bei uns üblichen Sammelnamen verwechselt werden sollte. Ebenfalls aus England kommt auch der heute allgemein in der westlichen Welt anerkannte Zuchtstandard für Goldfische

Bei uns waren nicht nur die guten Nachzuchten von Paul Schäme aus Dresden bekannt, sondern vor allem der oben schon erwähnte Matte-Schleierschwanz, welcher von Paul Matte aus mehreren Importen zwischen den Jahren 1883 und 1885 gezüchtet wurde, heute aber nicht mehr reinblütig existiert.

## 2.3 Zuchtformen im Einzelnen

Bereits sehr früh hat man in China begonnen, die damals bekannten Zuchtformen in verschiedene Gruppen zu stellen. In der Ming-Dynastie (1368–1644) unterschied man neben der Wildform, der Goldkarausche, noch den Goldgiebel oder Goldkarpfen und die Tiere mit geteilter Schwanzflosse, welche man wen-yu (gesprochen: wen ü) nannte. Man könnte Wenyu etwa mit „gemustertem Goldfisch" übersetzen, es kann jedoch als ziemlich sicher angenommen werden, daß dieser Name vor allem gewählt wurde, weil der Goldfisch mit geteilter Schwanzflosse von oben gesehen dem Schriftzeichen „wen" nicht unähnlich sieht. Der Name wäre somit richtiger mit „Goldfisch in der Form des Schriftzeichens wen" oder kurz „wen-förmiger Goldfisch" zu übersetzen.

Die große Formenvielfalt führte jedoch im Jahre 1848 dazu, daß man in China die drei Gruppen auf fünf erweiterte, in welche man die verschiedenen Zuchtformen des Goldgiebels einteilte. Hierzu wurden alle Merkmale der Zuchtformen nach primären und sekundären Merkmalen unterschieden.

Zu den primären Merkmalen zählte man die Form der Schwanzflosse und die der Augen sowie das Vorhandensein oder Fehlen der Rückenflosse. Die Färbung, Kopfwucherungen und gedoppelte Afterflosse betrachtete

*Von verschiedenen Kalligraphen interpretierte Schreibformen des Schriftzeichens „wen", welches an einen von oben betrachteten Goldfisch erinnern soll. Ganz oben die neuere Form, mit Tusche und Pinsel geschrieben, das zweite eine alte Form mit Griffel in weiches Material gezeichnet, des Rest ganz alte Formen in hartes Material geritzt.*

# Die verschiedenen Zuchtformen
## Zuchtformen im Einzelnen

man als sekundäre Merkmale, zu denen heute auch die Merkmale jüngeren Ursprungs, wie Perlschuppen, Quellkiemen, Nasenbukett und Blasenaugen gerechnete werden. Das Nasenbukett wird verschiedentlich auch Pompons oder Plüschbälle genannt.

Diese fünf Gruppen waren
- Goldkarpfen oder Goldgiebel,
- Wen-yu,
- Drachenaugen,
- Drachenrücken,
- Eierfische.

Die im Westen als Teleskop- oder Glotzaugen bezeichnete Augenform wird in China etwas liebevoller als Drachenaugen bezeichnet. Der Drache war das wichtigste der mythologischen Tiere Chinas und als solches ein Attribut für alles Kaiserliche. Da es sich beim Drachenrücken um einen Eierfisch mit Drachenaugen handelt, kommt nach diesem Schema das primäre Merkmal der vergrößerten Augen bereits in zwei Gruppen vor. In vielen Büchern wird diese Gruppe auch gar nicht erst erwähnt.

In neuerer Zeit wird darum das ursprünglich primäre Merkmal der Drachenaugen gelegentlich zu den sekundären Merkmalen gestellt. Diese Einteilung kann ich nur befürworten und möchte empfehlen, die Drachenaugen nicht in einer eigenen Gruppe zu führen. Diese sollten als zusätzliches Merkmal innerhalb der jeweiligen Zuchtform betrachtet werden, wie dies ja für Blasenaugen und Himmelsgucker ohnedies schon immer der Fall war. Daraus ergeben sich die drei großen Formengruppen der Goldfische, wie sie auch später im AQUALOG-Bildlexikon „Goldfische und Schleierschwänze" vorgestellt werden:
- karpfenförmige
- wen-yu-förmige und
- eierförmige.

Doch nun zu den verschiedenen Zuchtformen im einzelnen. Zur Unterscheidung und Einteilung dienen die Körperform, Schwanzflosse, Rückenflosse, Kopfform, Augen, Nasenhöcker, Kiemendeckel, Beschuppung und Färbung, welche wir uns nachfolgend einmal kurz näher ansehen wollen.

Ausführlichere Informationen finden Sie in dem schon mehrfach angesprochenen AQUALOG-Bildlexikon.

Bei den *Körperformen* lassen sich vier Typen unterscheiden, nämlich:
- *normale:* Goldfische, Shubunkin, Kometen
- *eiförmige:* Wen-yu-artige, Eierfische, Löwenköpfe, Ranchus
- *hochrückige:* Ryukin
- *fast kugelförmige:* englische und amerikanische Zuchtformen wie Schleierschwanz (veiltail) und Breitschwanz (broadtail).

Die letztere ist eine Form des Schleierschwanzes mit verbreiterter, nicht eingebuchteter Schwanzflosse.

Die größte Variation gibt es jedoch, wie zu erwarten bei der Form der *Schwanzflosse.* Wir unterscheiden folgende Formen:
- *normale:* Goldfische und London-Shubunkin
- *verlängerte:* Schwalbenschwanz, Komet, Bristol-Shubunkin und Nymphe
- *fehlende:* Meteor und
- *gedoppelte.*

Die gedoppelte Form ist so vielseitig, daß sie noch weiter unterteilt wird.

Je nachdem, wie die beiden Lappen der Schwanzflosse am oberen Rand zusammengewachsen sind, ist diese
- *ungeteilt (dreilappig):* Tosakin, Klemmschwanz
- *teilweise geteilt:* Kirschblütenschwanz
- oder *vollständig geteilt.*

Die größte Formenvielfalt läßt sich jedoch bei der vollständig geteilten Form der Schwanzflosse feststellen. Wir unterscheiden hier folgende Formen:
- *kurze:* Löwenkopf, Büffelkopf oder Ranchu
- *gespreizte:* Pfauenschwanz oder Jikin
- *verlängerte* und die
- *sehr lange.*

Die Flossenlappen der beiden letzten Gruppen können mehr oder weniger stark eingebuchtet sein.

*Eine vielleicht als einmalige Mutation aufgetretene Form mit dreifach geteilter Schwanzflosse. Gelegentlich findet man unter Tieren mit geteilter Schwanzflosse die verschiedensten Zwischenformen, wie etwa die Triangelform mit nur einem oberen, aber zwei unteren Flossenlappen. Ich selbst hatte schon ein Tier, bei welchem eine Hälfte der gedoppelten Schwanzflosse normal und die andere triangelförmig ausgebildet war, also mit insgesammt zwei oberen und drei unteren Flossenlappen. Photo (um 1895) aus „La Nature".*

# Die verschiedenen Zuchtformen
## Zuchtformen im Einzelnen

Zwei unterschiedliche Formen der Beschuppung: links ein Shubunkin der transparenten oder schuppenlosen Form, rechts ein bunter (kaliko) Fächerschwanz der perlmuttartigen oder teilbeschuppten Form. Photos: F. Teigler, A.C.S.

Die verlängerte Schwanzflosse ist
- **einfach, kaum eingebuchtet und wenig gespreizt:** Schmetterlingschwanz
- **oder relativ lang und gabelförmig abgespreizt oder gefaltet:** Fächerschwanz

und die sehr lange Form ist
- **schleppend und nicht eingebuchtet:** alter Typ und Breitschwanz
- **wenig eingebuchtet:** Schleierschwanz
- **stark eingebuchtet (vierlappig):** Fransenschwanz und Phönix.

Alle weiteren, noch zu besprechenden Merkmale lassen sich wieder leichter abhandeln. Wir bleiben zunächst noch bei den Flossen und wenden uns kurz der *Afterflosse* zu. Kurz daher, weil nur drei Formen vorkommen:
- **einfach,**
- **gedoppelt** oder
- **fehlend.**

Diese sind jedoch für die Einteilung der Zuchtformen nicht von Bedeutung. Erwünscht ist die gedoppelte Afterflosse, was man besonders bei der Auswahl von Zuchttieren beachten sollte. Bemerkenswert ist die Tatsache, daß die gedoppelte und fehlende Afterflosse nur bei Formen mit gedoppelter Schwanzflosse zu finden sind, während die einfache Afterflosse bei allen Zuchtformen vorkommt.

Zu den primären Merkmalen zählt jedoch die *Rückenflosse,* wenngleich auch hier nur drei Formen zu erwähnen sind. Dies sind
- **die normale Rückenflosse:** Fächerschwanz, Pfauenschwanz, Tosakin, Perlschupper
- **die verlängerte Rückenflosse:** Schleierschwanz, Teleskopschleierschwanz, Holländischer Löwenkopf oder Oranda, Rotkopf-Oranda oder Kappenfisch oder auch Tancho-Oranda, Tosakin
- **die fehlende Rückenflosse:** Löwenkopf, Büffelkopf (Ranchu), Himmelsgucker, Blasenauge, Nasenbukett, Eierphönix.

Ein weiteres, wichtiges Merkmal ist die *Kopfform,* wenngleich diese auch nur zu den sekundären Merkmalen gerechnet wird. Die Kopfform ist
- **normal flach:** Goldfisch, Shubunkin, Pfauenschwanz
- **spitz (Mauskopf):** Ryukin
- **breit, ohne Hautwucherungen:** Krötenkopf, Blasenauge
- **breit, mit Hautwucherungen:** Hochköpfige Formen.

Die Hautwucherungen auf Kopf, Wangen und Kiemendeckel sind in China sehr beliebt, und die ganze Gruppe wird dort mit dem Begriff „Hochkopf" bezeichnet. Wie Sie sicher schon erraten haben, wird sie weiter unterteilt, je nachdem wie die Hautwucherungen ausgeprägt sind, in
- Gänsekopf oder Kappenfisch
- Tigerkopf und
- Löwenkopf oder Oranda.

Die Hautwucherung kommt beim Gänsekopf, der bei uns auch Kappenfisch genannt wird, nur auf dem Scheitel vor. Ist diese gleichmäßig über den ganzen Kopf verteilt, aber nur schwach ausgebildet, handelt es sich um einen Tigerkopf, ist sie jedoch zusätzlich oben auf dem Kopf kappenförmig vergößert, spricht man vom Löwenkopf oder Oranda.

Bei den heutigen Zuchtformen sind diese Unterschiede jedoch oft nicht mehr so stark ausgeprägt und somit nicht immer leicht zu erkennen.

Oranda ist die Verkürzung des japanischen Namens Oranda Shishigashira, was übersetzt Holländischer Löwenkopf heißt. Dieser Name ist etwas irreführend, da hiermit keine holländische Zuchtform gemeint ist. Vielmehr ist er auf den Import durch holländische Handelsschiffe, beziehungsweise durch eine holländische Handelsniederlassung in Nagasaki zu-

# Die verschiedenen Zuchtformen
## Zuchtformen im Einzelnen

Teich mit hellblauen Shubunkin, ein japanisches Wort, das eigentlich „Zinnobergemusterter Gold(fisch)" bedeutet. Photo: B. Teichfischer

rückzuführen. Oft wird jedoch der Gänsekopf oder Kappenfisch fälschlich als Oranda bezeichnet.

Ebenfalls ein sekundäres Merkmal ist die Augenform, wobei früher, wie erwähnt, Drachenaugen als primäres Merkmal betrachtet wurden. Je nach Form unterscheiden wir

- normal Tiere, ohne auffällige Augen,
- Drachenauge (Teleskopauge),
- Himmelsgucker,
- Blasenauge und
- Krötenkopf.

Beim Krötenkopf handelt es sich jedoch eigentlich um ein Blasenauge mit schwach ausgebildeten Blasen. In Japan nennt man das

Drachenauge Demekin (wörtlich: Goldfisch mit hervortretenden Augen; Glubschauge), welches in der Verkürzung Deme gelegentlich auch bei uns verwendet wird.

Die letzten beiden sekundären Merkmale schließlich, welche den Körperbau betreffen, basieren auf relativ jungen Züchtungen. Hierzu gehört die Form der *Nasenhöcker*, einem knorpeligen Gewebe in den Nasenöffnungen. Hier kennen wir neben den normalen, kaum vergrößerten Höckern auch solche mit starken Wucherungen. Diese vergrößerten Nasenhöcker werden Nasenbukett oder Pompons genannt. Die Chinesen bezeichnen sie als rong-qiu, Plüschbälle. In Japan sagt man dazu hanafusa, Nasenquaste.

Die Pompons treten immer paarweise auf, also entweder zwei (je einen pro Nasenhöcker) oder vier (je zwei pro Nasenhöcker). Die Färbung kann der des restlichen Körpers entsprechen, oder aber im Kontrast zu dieser stehen. Tiere mit dunkler Körperfarbe, wie schwarz, blau, braun oder bronzefarbig mit roten bis hellroten oder weißen Pompons sind oft viel begehrter.

Bei dem anderen Merkmal handelt es sich um die *Kiemendeckel*, welche entweder normal geformt oder an den Enden aufgebogen sein können. In ihrer Extremform sind die Kiemendeckel ganz nach vorn gebogen und die Kiemen liegen vollkommen frei. Diese als Quellkiemen bezeichnete Form der Kiemendeckel (chin. fan-sai) ist jedoch bei uns

Teichanlage in der Goldfischpagode, einem speziell für Goldfische angelegten Ausstellungsgelände in Hong Kong. Photo: A. Lim

# Die verschiedenen Zuchtformen
## Zuchtformen im Einzelnen

nicht sehr beliebt und wird sehr selten eingeführt.

Zu besprechen bleiben jetzt noch zwei sekundäre Merkmale, welche nicht die Körperform, sondern das Aussehen betreffen. Dies sind die Beschuppung und Färbung.

Bei den *Schuppen* handelt es sich um in die Unterhaut eingebettete knöcherne Plättchen. Ein reflektierendes Gewebe, welches durch Iridozyten (Guaninpartikelchen) gebildet wird, befindet sich in mehreren Schichten direkt unter den Schuppen und tiefer in der Unterhaut. Es verleiht den Schuppen ihren metallischen Glanz. Fehlt diese Schicht, wirken die Tiere schuppenlos oder matt. Sowohl die normale als auch die matte Beschuppung sind dominante Vererbungsmerkmale. Durch Kreuzung von Tieren mit normaler und matter Beschuppung entsteht die perlmuttartige Teilbeschuppung, welche man auch als „gesprenkelt" bezeichnet.

Ein als Perlschuppen bezeichneter Effekt entsteht durch zusätzliches Kalziumkarbonat, welches auf den Schuppen abgelagert wird. Diese wirken dadurch wie halbierte Perlen und sind härter als normale Schuppen. Auch wirkt ihre Färbung hierdurch pastellfarben. Fällt eine solche Schuppe aus, etwa durch Verhaken in einem Netz, so wird diese durch eine einfache Schuppe ersetzt, welche dann in der Gesamterscheinung sehr störend wirkt. Bei den Perlschuppen handelt es sich um ein relativ junges Merkmal, während die matte Beschuppung in China ab etwa 1596 bekannt ist.

Eine weitere, relativ junge Variation ist die netzartige Form. Bei ihr befindet sich die Guaninablagerung hauptsächlich unter den Schuppen und fehlt sowohl um die Schuooeb herum als auch auf den Kiemendeckeln. Die Mischung aus dieser netzartigen und der matten Form sollen besonders farbenprächtige, matte Tiere sein, welche als pseudo-matt bezeichnet werden.

Wir unterscheiden somit fünf Gruppen. Tiere mit
- normaler oder metallischer,
- matter oder pseudo-matter,
- perlmuttartiger (teilbeschuppt) und
- netzartiger Beschuppung sowie Tiere mit
- Perlschuppen.

Für die *Färbung* schließlich sind verschiedene Pigmentzellen, wahrscheinlich deren vier, verantwortlich, welche je nach ihrer Lage in der Haut, ihr Fehlen oder durch Mischung die ver-

schiedenen Färbungen hervorbringen. Bei diesen Pigmenten handelt es sich um schwarze (Melanophoren), gelbe (Xanthophoren), rote (Erythrophoren) und orange (Lipochrome) Zellen. Bei der Wildform, der Goldkarausche, fehlen die orangen sowie die roten Zellen. Nur die schwarzen Melanophoren und die gelben Xanthophoren sind vorhanden und geben ihm seine silbergraue Färbung.

Weißen Goldfischen fehlen alle vier Arten von Pigmentzellen. Bei vorhandener Guaninschicht sind die Tiere silberigweiß, fehlt das Guanin, erscheinen sie transparent. Erst wenn jedoch auch der Iris die Farbpigmente fehlen und das Auge rot erscheint, können wir von Albinos sprechen. Ganz weiße Tiere sind übrigens relativ selten, da dies die Farbe der traditionellen chinesischen Trauerkleidung ist. Darum wurden Tiere dieser Färbung nicht sonderlich geschätzt und häufig aussortiert. Aus der Volksrepublik China gelangen jedoch gelegentlich auch weiße Tiere zu uns, da man dort der burgeoisen Tradition nicht so viel Bedeutung beimißt.

*Ein karpfenartiger Goldfisch mit geteiltem Schwanz. Alte chinesische Tuschezeichnung aus einem Buch von Billardon de Sauvigny (Paris 1780). Photo: E. Schraml*

*Ebenfalls zwei karpfenförmige Tiere: Ein Sarasa mit roten Augenringen und ein gelbes Tier mit dreilappigem Schwanz. Photo: K.-H. Bernhardt*

Sind nur rote Pigmente vorhanden, erscheint der Fisch in sattem Rot, sind nur gelbe Pigmentzellen vorhanden, erscheint er, je nachdem wie tief die Zellen in der Haut liegen, gelb, gold oder orange. Mit der gelben Farbe hat es ebenfalls eine besondere Bewandtnis: Gelb war die kaiserliche Farbe und nur diesem vorbehalten. Darum wurde diese Farbrichtung, wie auch die weiße, im alten China nie gezüchtet und ist heute noch relativ selten.

Auch bei den schwarzen Pigmentzellen gibt die Lage den Ton an. Befinden sie sich mehr in der oberen Hautschicht, erscheint das Tier in sattem Schwarz, liegen die Farbpigmente jedoch tiefer in der Haut, ist die Farbe bläulich bis blauschwarz. Die eisenfarbige und bronzene Färbung entsteht durch die Mischung von schwarzen und gelben Pigmentzellen.

Neben der Mischung verschiedener Pigmente zu neuen Farben können auch einzelne Farbpigmente auf bestimmte Körperregionen begrenzt sein, wodurch die zwei-, drei-, und mehrfarbigen Varianten entstehen.

Eine etwas eigenständige Stellung nehmen die in China als fünffarbig (wu-hua, wörtlich fünffach gemustert) bezeichneten Tiere ein. Man könnte diesen Ausdruck auch als bunt gemustert übersetzen, den fünf war in China die Zahl, welche Vollständigkeit, Vollkommenheit zum Ausdruck brachte, wie etwa in den fünf Grundelementen, den fünf heiligen Bergen, den fünf Himmelsrichtungen (inkl. der Mitte) usw. In Japan und im englischsprachigen Raum nennt man diese Farbrichtung kaliko, womit ein gemusterter Baumwollstoff bezeichnet wird. Dieser Name ist zwar auch bei uns gebräuchlich, doch möchte ich hier zur Verdeutlichung lieber von fünffarbigen oder bunten Tiere sprechen. Tiere der karpfenartigen Form in dieser Farbe nennt man mit ihrem japanischen Namen Shubunkin. Das bedeutet etwa „Zinnoberrot gemusterter Goldfisch".

Die Färbung besteht aus einer Mischung von rot, schwarz, blau, weiß und orange und wird durch das Auftreten von metallischen und matten Schuppen noch weiter variiert. Es gibt Tiere, bei denen ein weißer bis blauweißer Grundton überwiegt bis zu solchen, bei denen vier der Farben kräftig und gleichmäßig vorkommen und das Ganze von einem schwarzen Tupfen- oder Streifenmuster überzogen ist.

Übrigens kann der Bereich um den Augapfel von der restlichen Körperfärbung abweichen und bei verschiedenen Zuchtformen unterschiedlich sein. Die Pupille ist jedoch immer, außer bei reinen Albinos, schwarz gefärbt.

Beim Shubunkin ist ein schwarzer Ring um das Auge wünschenswert, wodurch dies zusammen mit der schwarz gefärbten Pupille recht groß erscheint. Auch bei anderen fünffarbigen Formen tritt dies häufig auf und bei den schwarz oder blauschwarz gefärbten Tieren ist dies die normale Färbung, seltener sind bei diesen die Ringe goldfarben.

Bei den verschiedenen anderen Formen finden wir einen roten, rotgoldenen bis goldenen Ring um den Augapfel. Etwas seltener und weniger erwünscht sind blaue Ringe. Relativ selten, doch ebenfalls unerwünscht, sind Tiere mit einem roten und einem blauen Ring.

Völlig unabhängig von der Färbung der Eltern sind jedoch alle jungen Goldfische nach dem Ausschlüpfen fast farblos und zeigen ein blasses Grau, welches sich langsam dunkler färbt, bis die Tiere nach einem Monat fast schwarz erscheinen. Nach einem weiteren Monat hellt sich die Farbe vom Bauch her auf, bis die endgültige Färbung erreicht ist. Diese Umfärbung entsteht durch eine enzymbedingte Zerstörung bestimmter Pigmentzellen.

Nachfolgend lassen sich die folgenden drei Hauptfarbrichtungen unterscheiden:

- **einfarbige Tiere:** rot, orange, blau, bronzefarbig, schokoladenbraun, eisenfarbig und schwarz
- **zweifarbig Tiere:** rot-weiß, rot-schwarz, rot-bronzen, blau-bronze und schwarzweiß
- **mehrfarbige Tiere:** rot-blau-weiß, rot-schwarz-weiß, blau-schwarz-weiß, bunt (kaliko) mit weiß, orange, rot, blau und schwarz.

### 3. Die Haltung

Als erstes müssen wir uns die Frage stellen, ob wir die zu erwerbenden Fische im Gartenteich oder im Aquarium pflegen möchten. Wegen seiner Anspruchslosigkeit ist der eigentliche Goldfisch wohl ein idealer Anfängerfisch, sowohl für den Teich als auch fürs Aquarium. Die Hochzuchtformen jedoch, generell fälschlich als Schleierschwanz bezeichnet, sind etwas anspruchsvoller in ihrer Haltung und somit nicht unbedingt für den Gartenteich oder zum Einstieg in die Aquaristik geeignet. Der einfache Goldfisch in seinen verschiedenen

# Die Haltung
## Teichhaltung

Farbvarianten, wie seine als Komet bezeichnete Schleierform und der Shubunkin sind für eine ganzjährige Haltung im Gartenteich bestens geeignet und ihre Überwinterung im Teich bereitet keinerlei Schwierigkeiten. Die Pflege im Aquarium ist ebenfalls möglich, jedoch sollte man bedenken, daß die karpfenförmigen Formen des Goldfisches bei optimalen Haltungsbedingungen und reichlichem Platzangebot durchaus eine Größe von 30 bis 35 cm erreichen können. Eine minimale Beckenlänge von 150 Zentimetern sollte man also unbedingt einplanen, es sei denn, junge Tiere werden nur vorübergehend im Aquarium gepflegt und können später, bei Erreichen einer bestimmten Größe, in einen Teich umgesetzt werden.

Die etwas heikleren Hochzuchtformen, welche immerhin noch eine Körperlänge zwischen 15 und 25 cm erreichen können, sind im allgemeinen wärmebedürftiger und reagieren empfindlicher auf falsche oder veränderte Wasserwerte. Ihre Haltung im Gartenteich ist somit schwieriger, keinesfalls können sie dort jedoch überwintert werden. Auch gelegentliche Erfolge in besonders milden Wintern widersprechen dem nicht. Da diese Formen aber nicht die Größe des einfachen Goldfisches erreichen, sind sie für die Aquarienhaltung besser geeignet. Man sollte auch hier die Becken nicht zu klein und vor allem nicht zu flach wählen. Für einige wenige Tiere ist ein 100-Liter-Aquarium das absolute Minimum, ideal wäre ein Becken von ca. 150 cm Länge, 50 bis 70 cm Höhe und einer Tiefe von 40 bis 50 cm.

Falls sich die Möglichkeit bietet, sollte man die in Aquarien gehaltenen Tiere in den Sommermonaten im Garten pflegen. Es bietet sich an, die Fische, besonders wenn es sich um Zuchttiere handelt, in kleineren Kunststoffteichen oder, wie in ihrem Heimatland in großen Bottichen aus Keramik, Holz oder Kunststoff zu halten.

Werden die Fertigteiche im Boden eingegraben, kann dadurch einer zu großen Temperaturschwankung vorgebeugt werden. Die Tiere werden kräftiger und sind dadurch weniger anfällig für Krankheiten. Auch werden die Farben kräftiger, vor allem wenn Boden und Seiten des Behälters dunkel gefärbt sind. Die Goldfische passen sich einem dunklen Unter- und Hintergrund etwas an und zeigen in heller Umgebung eine etwas blassere Färbung.

### 3.1 Teichhaltung

Leider kann beim Umfang dieses Buches nicht weiter auf die Einrichtung eines Gartenteiches eingegangen werden, doch gibt es zu diesem Thema hinreichend Literatur im Buchhandel. Zwei Punkte sind jedoch besonders zu beachten und sollen hier kurz angesprochen werden. Das wäre einmal die Schattierung eines Teiles der Wasserfläche bei starker Sonneneinstrahlung und der Schutz unserer Pfleglinge vor Katzen und Fischreihern.

Werden die Tiere nur während der Sommermonate im Garten gehalten, so ist einer Schattierung während der heißen Stunden besondere Beachtung zu schenken. Das Wasser verliert mit zunehmender Temperatur die Möglichkeit Sauerstoff zu lösen, so daß die Fische in zu warmem Teichwasser meist an der Wasseroberfläche hängen und nach Luft schnappen. Kommt dann noch ein verstärkter Algenwuchs hinzu, sind Ausfälle wahrscheinlich.

Mittels Schilfmatten ist eine Schattierung jedoch recht einfach anzubringen und auch

*Rotweißer und Bunter Eierfisch mit Nasenbukett. Beim oberen Tier sind sehr schön die glitzernden Schuppen der perlmuttartigen oder Teilbeschuppung zu sehen, beim unteren Tier der rote Ring um das Auge.*
*Photo: H. J. Mayland*

*Ein weißer Goldfisch mit transparenter Beschuppung. Sehr schön ist hier der schwarze Ring um das Auge zu erkennen.*
*Photo: F. Teigler, A.C.S.*

wieder zu entfernen. Diese Möglichkeit bietet sich natürlich auch bei großen Teichen an, doch wäre hier aus optischen Gründen einer natürlichen Schattierung durch umliegenden Bewuchs der Vorzug zu geben. Hierfür bieten sich vor allem die verschiedenen Bambusarten in unmittelbarer Nähe des Teiches an, welche diesem einen zusätzlichen asiatischen Flair verleihen. Es sei jedoch erwähnt, daß es sich beim Bambus nicht um eine Sumpfpflanze handelt, wie gelegentlich angenommen wird, wenngleich er einen relativ hohen Wasserbedarf hat. Wassermangel erkennt man durch eingerollte Blätter.

Auch niedrige Bäume sind geeignet, welche in einiger Entfernung südlich bis südwestlich des Teiches stehen und die grelle Mittagssonne abhalten. Hierfür sind besonders (japanische) Nadelgehölze ideal. Wo keine Blätter sind, müssen im Herbst auch keine aus dem Teich entfernt werden. Ist der Teich noch im Planungsstadium, so kann man dem recht leicht Rechnung tragen. Ein geringfügiger Nachteil der Schattierung durch Bewuchs im Uferbereich wurde gerade angedeutet. Im Herbst fallen vermehrt Blätter auf die Wasseroberfläche und sinken später auf den Teichgrund ab. Diese Blätter beginnen im Frühjahr beim Ansteigen der Temperatur zu faulen und verschlechtern die Qualität des Wassers und somit die Lebensbedingungen unserer Fische, da sie dem Wasser den lebenswichtigen Sauerstoff entziehen und den Teich überdüngen. Durch rechtzeitiges Abfischen der auf die Wasseroberfläche gefallenen Blätter kann man dem jedoch vorbeugen. Auch kann man für die Zeit des Laubfalles ein Netz über den Teich oder die betroffenen Bereiche spannen. Doch fallen vertrocknete und eingerollte Bambusblätter leicht durch solche Netze und sind dann nur um so schwerer zu entfernen.

Etwas schwieriger gestaltet sich das Fernhalten von Katzen und Fischreihern. Die seit vielen Jahren geschützten und heute wieder häufiger auftretenden Fischreiher scheinen eine große Vorliebe für die relativ leicht zu erbeutenden Goldfische zu haben. Mir wurde von verschiedenen Seiten berichtet, daß Reiher systematisch die Gartenteiche ganzer Ortschaften in der Rheinebene leerfischten.Da Fischreiher gerne im flachen Wasser stehend auf Fischfang gehen, kann man diese Bereiche jedoch leicht mit Nylonschnüren überspannen und die Reiher am Landen hindern. Auch sollte man die Flachwasserzonen nicht in den schat-

tigeren Bereich des Teiches legen, da die Fische diese ja während starker Sonneneinstrahlung bevorzugt aufsuchen. Am einfachsten ist es, wenn die Flachwasserzonen vom restlichen Teich so abgetrennt sind, daß die Fische nicht in diese hineinschwimmen können.

Das Aufstellen von Kunststoffatrappen zum Fernhalten von Reihern, welche oft im Handel angeboten werden, scheint eher fragwürdig, da sich nicht alle Reiher von solchen, vermeintlich besetzten Jagdgründen abhalten lassen. Ich konnte selbst schon Reiher beobachten, welche neben einer solchen Attrappe standen und nach Beute spähten.

Im Gegensatz zum Fischreiher meiden Katzen die Flachwasserzonen und fischen gerne vom trockenen Teichrand aus. Die vermeintlich wasserscheuen Tiere legen sich hierzu auf Steine am Rande des Teiches und hängen mit beiden Vorderpfoten ins Wasser. Sind unsere Goldfische oder Koi handzahm und werden öfters von Hand gefüttert, sind sie hier besonders gefährdet. Ich konnte auch schon beobachten, wie Katzen auf der Jagd nach Fröschen die ganze Uferzone durchquerten und selbst nasse Pfoten nicht scheuten.

Zeigen diese beiden potentiellen Feinde unserer Goldfische auch recht unterschiedliche Gewohnheiten, so ist dennoch die einfachste Lösung, gerade in ländlichen Gebieten oder in den Randbezirken großer Städte, wo beide Tierarten vorkommen, eine Einfassung des Teiches mit Steinen und einem Wasserstand von 25 bis 30 cm unterhalb der Steine.

Dies mag vielleicht nicht jedermanns Vorstellung von einem naturnahen Gartenbiotop entsprechen, doch sollte man in einen solchen, bei dem eher Wert auf eine üppige, breitgefächerte Bepflanzung gelegt wird, sowieso keine oder nur wenige Fische einsetzen. Andererseits lassen sich mit einer Uferbefestigung aus großen Natursteinen, wie man in japanischen Gärten sehen kann, recht ansprechende Teiche gestalten, in denen unsere Pfleglinge vor Räubern sicher sind. In einem daran anschließenden Biotop oder Naturteich kann man dann immer noch mit einem üppigen Bewuchs eine gute Ergänzung zum Goldfischteich schaffen.

### 3.2 Pflege im Aquarium

Bevor wir unsere neuen Pfleglinge erwerben, brauchen wir erst einmal ein geeignetes Zuhause. Sollten Sie schon im Besitz eines Aqua-

## Einrichtung und Bepflanzung

riums sein, kommen diese Ratschläge wahrscheinlich zu spät und ehe Sie sich ärgern, überschlagen Sie diesen Abschnitt lieber. Bei der Auswahl des Aquariums kommen mehrere Faktoren in Betracht. Der wichtigste ist jedoch sicherlich der vorhandene Platz, welcher die Beckengröße bestimmen wird. Aber ist der vorhandene Platz auch der richtige? Falls das Becken dort über mehrere Stunden der direkten Sonneneinstrahlung ausgesetzt ist, sicherlich nicht!

Eine alte Binsenweisheit besagt: Je größer das Aquarium, desto leichter seine Pflege. In größeren Becken haben die Fische mehr Schwimmraum und bei geeigneter Bepflanzung und Filterung lassen sich die Wasserwerte leichter kontrollieren und stabilisieren. Die Bepflanzung wird sich bei Goldfischen etwas schwieriger als üblich gestalten, weil sie Pflanzen zum fressen gern haben. Sie ist aber nicht unmöglich. Bleibt also noch der Schwimmraum. Sie schwimmen doch sicherlich auch viel lieber eine Bahn in einem 50 m-Becken als fünf Bahnen in einem 10 m-Pool. Die Faustregel für eine gesunde Fischhaltung besagt: 5 Liter Wasser pro cm Fisch. Die Schwanzflosse wird natürlich eingerechnet, schummeln gilt nicht. Dadurch wird die Belastung des Wassers bei entsprechender Filterung in Grenzen gehalten und eventuellen Krankheiten vorgebeugt. Früher oder später wird jeder einmal von dieser Regel abweichen. Es ist ja auch nur eine Faustregel, denn unsere Fische wissen nichts davon und wachsen vielleicht über die angenommene Größe hinaus.

Nehmen wir also einmal vier schöne, bullige Ranchu oder Büffelköpfe, die durchaus 15 bis 18 cm Länge erreichen können (in Japan vergleicht man sie übrigens mit Sumoringern), dann sind wir schon bei 300 bis 360 Litern Wasser. Bei der oben vorgeschlagenen Länge von 150 cm hätte das Becken eine Höhe und Tiefe von jeweils 50 cm. Vergrößern wir die Tiefe auf 50 und die Höhe auf 70 cm, haben wir nun in 525 Litern Wasser immerhin Platz für sieben ausgewachsene Ranchus. Ein Trost ist es da schon fast, daß man Ranchus überhaupt und noch dazu in dieser Größe in Deutschland eher selten bekommen wird. In England und den USA sieht es da schon viel besser aus. Im Land der unbegrenzten Möglichkeiten kann man die Tiere sogar per Video auswählen und bestellen.

Dient das Becken allerdings nur zur Überwinterung von Teichfischen, wird nicht so viel Schwimmraum benötigt. Unter 10 °C Wassertemperatur wird ja nicht mehr gefüttert, da die Tiere kaum noch Nahrung aufnehmen. Bei dieser Temperatur reduzieren die Fische darüberhinaus ihre Aktivitäten weitestgehend.

Auch beim ersten Aquarium für die Tochter oder den Sohn, welches mit Goldfischen besetzt werden sollte, können Abstriche bei der Größe des Beckens gemacht werden. Als Besatz kommen hierfür die einfachen Goldfische, Shubunkin oder die einfache, rote Schleierform in Frage, welche recht leicht zu halten sind. Die ersten beiden Formen können zwar recht groß werden, sind aber in jedem Frühjahr in verschiedenen Größen ab 4–5 cm zu haben. Entsprechend ihres Bewegungsraumes wachsen die Tiere langsamer und können über ein bis zwei Jahre in einem Meterbecken bleiben. Später kann man sie in den Teich umsetzen, falls einer vorhanden ist, oder an einen Bekannten mit Goldfischteich abgeben. Keinesfalls sollten die Tiere in der freien Natur ausgesetzt werden. Nicht, daß sie dort keine Überlebenschancen hätten. Wegen der Verfremdung und damit Gefährdung der einheimischen Fauna ist dies jedoch nicht erlaubt.

Haben wir uns nun für den Standort und die Beckengröße entschieden, geht es jetzt an die Einrichtung des Aquariums. Dies ist meiner Meinung nach neben dem Einsetzen der ersten Fische und dem ersten Nachwuchs einer der spannendsten Momente der ganzen Aquaristik. Man kann versuchen, ein Stück Landschaft nach eigenen Vorstellungen zu gestalten (obwohl nicht alle Versuche auch immer zum Erfolg führen). Auch über die Einrichtung von Aquarien gibt es mittlerweile zahlreiche Bücher, so daß wir uns hier kurz fassen können. Es hat schon genug Zeit gekostet, Sie zu einer vernünftigen Beckengröße zu überreden.

Daß das Becken völlig waagerecht auf einem stabilen Gestell stehen sollte, mit einer weichen Unterlage dazwischen, anstatt kleiner Steinchen des zukünftigen Bodengrundes, versteht sich von selbst, aber auch, daß der Bodengrund vorher gründlich gewaschen werden sollte. Haben wir alles beisammen, können wir zum nächsten Abschnitt übergehen.

### 3.3 Einrichtung und Bepflanzung

Wie bei der Wasserbeschaffenheit sind die Goldfische bezüglich der Einrichtung des Teiches oder des Aquariums recht anspruchs-

# Die Haltung
## Einrichtung und Bepflanzung

*Ein Pärchen Tanchokaliko oder Rotkappen Fächerschwänze, welche in einem bepflanzten Plastikbottich im Garten übersommern.*

*Goldfischteich mit Bambus im Uferbereich in der Hottonia e.V., dem Aquarienverein in Darmstadt.*
*Photos: F. Schäfer*

los. Hier sind es mehr wir, die Pfleger, die möglichst ein kleines Stück Natur nachbilden wollen, um unseren ästhetischen Ansprüchen zu genügen.

Eines der wichtigsten Merkmale, dem bei der Einrichtung des künftigen Heimes unserer Goldfische Rechnung getragen werden muß, ist die Tatsache, daß Goldfische gerne gründeln, das heißt, den Bodengrund mit dem Maul mehr oder weniger intensiv durchwüh-

len. Darum sollte der Bodengrund nicht zu fein, aber auch nicht zu grob gewählt werden. Je größer die Tiere sind, desto größer kann auch der Kies sein, welcher aber niemals scharfkantig sein sollte. Ich selbst halte große Drachenaugen in einem Becken mit Kies von 5 bis 8 mm Körnung und die Fische gründeln nach Herzenslust. Im Fischteich sollte man aber besser auf den Bodengrund verzichten und die Pflanzen in passende, feinmaschige Körbe setzen, welche mit einer groben Kiesschicht abgedeckt werden.

Die Kiesschicht zum Filter hin abfallend anzulegen wie dies in der Literatur zu lesen ist, ist zwar völlig richtig, doch sehen die Goldfische solche Zweckmäßigkeiten nicht ein und haben in wenigen Tagen alles eingeebnet. Sie können sich diese Mühe also gleich sparen. Zweckmäßiger ist es da schon, den Boden mit verschiedenen, jedoch keinesfalls scharfkantigen Steinen zu terrassieren, wodurch sich viele Gestaltungsmöglichkeiten bieten. Die Steine sollten jedoch nie direkt auf Glas gelegt werden, sondern auf eine dünne Lage Schaumstoff oder Styropor.

Etwas problematischer sieht es bei der Bepflanzung für das Aquarium aus, da fast alles „Grünzeug" als Nahrung betrachtet oder daraufhin untersucht wird. Goldfische sind, wie ihre großen Vettern die Karpfen, Allesfresser und zu ihrer Nahrung gehört somit ein hoher Anteil an Pflanzenkost. Dem sollte man bei der Fütterung Rechnung tragen, wie wir weiter unten noch sehen werden. Als Pflanzen sollten wir entspechend harte Gewächse auswählen und vor allem solche, die ungern gefressen werden. Auch sollte man ihnen genügend Zeit geben, sich fest im Boden zu verwurzeln. Ganz nebenbei, auf eine Zugabe von Dünger zum neuen Bodengrung sollte man verzichten. Sind die Goldfische erst einmal im Becken, fällt schon von selbst genügend Dünger an.

Gute Erfahrungen wurden mit der Dickblättrigen Wasserpest *(Egeria densa)* und dem gemeinen Hornblatt *(Ceratophyllum demersum)* gemacht, welches bei den Chinesen Goldfischkraut genannt wird. Dennoch können größere Tiere die Blätter von Wasserpest und Hornblatt abfressen, zum Teil bis auf den Stengel. Doch sind gerade diese Pflanzen recht schnellwüchsig und müssen sowieso immer wieder eingekürzt und neu in den Bodengrund gesteckt werden. Gute Erfahrungen habe ich auch schon mit verschiedene Arten von Cryptocorynen gemacht, falls die Wasser-

# Die Haltung
## Einrichtung und Bepflanzung

temperatur im Winter nicht zu niederig ist. Pflanzen mit derben Blättern, wie die verschiedenen Arten des Speerblattes *(Anubias)* oder der Wasserlilien *(Crinum)* mit ihren lederigen Blättern werden verschont, doch können die jungen, noch etwas weicheren Blätter angebissen und eingerissen werden.

Auch der recht harte Javafarn *(Microsorium pteropus)*, das Javamoos *(Vesicularia dubyana)* und verschiedene Schwimmpflanzen wie die Hornfarne *(Ceratopteris)*, die Wasserhyazinthe *(Eichhornia crassipes)* oder die Muschelblume *(Pistia stratiotes)* werden verschont. Bei Schwimmpflanzen werden jedoch des öfteren die feinen Wurzeln abgefressen.

In der Literatur werden auch Pflanzen wie die Carolina-Haarnixe *(Cabomba caroliniana)*, Pfeilkrautarten *(Sagittaria)* oder Vallisnerien *(Vallisneria)* empfohlen, jedoch werden diese Arten gern als Futter betrachtet und selbst die etwas derbere Riesenvallisnerie *(Vallisneria gigantea)* hat bei meinen Tieren keine Überlebenschance.

In der chinesischen Literatur wird noch die Froschlöffelähnliche Ottelie *(Ottelia alismoides)* als Bepflanzung erwähnt, welche in den Tropen und Subtropen Afrikas, Asiens und Australiens und somit auch im Süden Chinas häufig vorkommt. Diese Pflanze wird jedoch nicht nur sehr selten im Handel angeboten, sondern gilt auch noch als äußerst heikel in der Pflege, sodaß sie wohl eher nicht für die Bepflanzung in Frage kommt.

Im Gartenteich ist die Auswahl der Pflanzen weit weniger problematisch, da die Pflanzen der flachen Uferregionen vornehmlich oberhalb der Wasseroberfläche wachsen und die im Freiwasserbereich verwendeten Gewächse recht hart und ungenießbar sind. Für diese Region kommen die verschiedenen Seerosen-*(Nymphaea)* und Teichrosenarten *(Nuphar)* in Betracht, wenngleich die jungen Blätter gele-

gentlich angeknabbert werden. Weiterhin eignen sich Wasser-Schwertlilie *(Iris pseudacorus)*, Rohrkolben *(Typha)*, Igelkolben *(Sparganium)* usw. Gerade die letzteren Arten können leicht völlig ohne Erde in großen, mit gröberem Kies gefüllten Plastikkörben gepflegt werden. Sie sollten wegen ihrer hervorragenden Eigenschaft, dem Wasser die Stoffwechselprodukte der Fische zu entziehen in keinem Teich fehlen, um einer Überdüngung – der Fachmann nennt es Eutrophierung – vorzubeugen. Natürlich wären auch noch einige Unterwasserpflanzen geeignet, doch erscheint mir ihre Pflege im Gartenteich zu aufwendig. Einzig das bereits oben erwähnte Hornblatt,

*Im Yu quan Park, dem botanischen Garten in Hang-zhou:*

*Oben ein Pavillion am Teich mit Karpfen und Goldkarpfen.*

*Verschiedene Hochzuchtformen des Goldfisches: Links ausgestellt im Keramikbottich, rechts die Tiere der Ausstellung, welche nach Feierabend eingesammelt und in ihre Quartiere zurückgebracht werden.*
*Photos: K.-H. Bernhardt*

welches keine Wurzeln ausbildet und frei im Wasser treibt, macht hier eine Ausnahme. Da es dem Wasser viele überschüssige Nährstoffe entzieht, sollte es, wie die oben erwähnten Kolben- und Sumpfirisarten allein schon wegen seiner reinigenden Wirkung nicht fehlen.

Zur weiteren Dekoration können im Aquarium Wurzeln, Steine und Flußkiesel, sowie Bambusrohre verwendet werden. Da die im Zoofachhandel erhältlichen Wurzeln das Wasser durch Abgabe von Huminsäure jedoch mehr oder weniger stark ansäuern, ist hier Vorsicht geboten. Durch ein Absinken des pH-Wertes könnten die Fische erkranken. Waren die Wurzeln zuvor jedoch schon länger in anderen Warmwasseraquarien im Einsatz, stellen sie kein Problem mehr dar.

Auch gibt es heute im Handel recht echt aussehende Wurzelnachbildungen aus Keramik zu kaufen, welche völlig unbedenklich sind. Für den Aufbau von Terrassen sind ebenfalls vorgefertigte Keramikteile erhältlich, welche das Gestalten recht leicht machen. Übrigens sollte man die Bambusrohre, falls solche verwendet werden, an ihren beiden Enden mit Wasserglas versiegeln, indem sie die Enden hineintauchen und das ganze nach dem Trocknen wiederholen. Dadurch kann keine Luft über die Schnittflächen eindringen und der Bambus wird nicht so schnell schwarz und verrottet. Wasserglas ist eine ungiftige, farblose Flüssigkeit, welche man in Apotheken und Drogerien erhält.

Bei all diesen Möglichkeiten sollte man jedoch darauf achten, daß die Beckeneinrichtung durch zuviele verschiedene Materialien nicht kitschig wirkt. In Amerika ist es üblich, blau, grün oder rot gefärbtes, kiesartiges Material als Bodengrund zu verwenden. Zur Bepflanzung dienen die verschiedensten, grell gefärbten Plastikpflanzen oder gar Nachbildungen von Korallen. Zwischen den Fischen blubbert die kleine Meerjungfrau leise vor sich hin oder ein kleines UFO wird durch Luft immer wieder an die Oberfläche getrieben und sinkt zurück. Dies mag bei manchen Kindern vielleicht gut ankommen und die Goldfische sehen es wohl auch sehr gelassen. Mit Natur hat es allerdings nichts mehr zu tun.

### 3.4 Wasserbeschaffenheit

Alle Goldfischformen stellen keine besonderen Ansprüche an das Teich- bzw. Aquarienwasser sowie an dessen Temperatur. Einzig der pH-Wert, also der „Säuerungsgrad" des Wassers scheint die Goldfische am meisten zu beeinflussen und sollte im neutralen Bereich (um pH 7) liegen oder nur geringfügig nach oben oder unten abweichen. Obwohl pH-Werte zwischen 6 bis 8 verkraftet werden, scheint das Optimum um 6,7 zu liegen. Auf alle Fälle sollte man beim Umsetzen hier Vorsicht walten lassen und darüberhinaus das Wassers gelegentlich auf den pH-Wert überprüfen.

Bei der Wasserhärte stellen die Goldfische wenig Ansprüche, so daß eine Gesamthärte zwischen 10 bis 15 Härtegrade ideal erscheint. In Wohngebieten mit extrem hartem Leitungswasser kann dies durch Zugabe von weichem Quell- oder Brunnenwasser verbessert werden. Den Härtegrad des Leitungswassers kann man entweder selbst nachmessen und gelegentlich überprüfen oder aber einfach beim heimischen Wasserwerk erfragen. Oft stehen auch örtliche Aquarienvereine mit Rat und Tat zur Seite und können evtl. die Wasserwerte testen und Brunnen oder Quellen in der näheren Umgebung mit geeignetem Wasser empfehlen.

Das Beimischen von Regenwasser ist sicherlich wegen der teilweise hohen Belastung mit Schadstoffen, nicht nur in Ballungsgebieten, problematisch, jedoch durchaus als Möglichkeit in Betracht zu ziehen, wenn das Wasser bei längeren Regenfällen nach dem ersten Abregnen gesammelt werden kann. Ein zusätzlich hinzugegebenes Aufbereitungsmittel, wie etwa AmtraCare, AquaSafe, aquatan, aquateich, Duplagan oder PROTEICH7, kann neben dem im Regenwasser nicht vorhandenen Chlor auch verschiedene Schwermetalle binden. Eine kurzzeitige Filterung über Aktivkohle kann ebenfalls die Qualität des gesammelten Regenwassers weiter verbessern. Niemals sollte Regenwasser direkt vom Dach in den Gartenteich geleitet werden.

Und schließlich zeigen die Goldfische auch bei der Wassertemperatur einen recht großen Toleranzbereich. Obwohl die Tiere eigentlich zu den Kaltwasserfischen gerechnet werden, liegt die Wassertemperatur in ihrem Heimatland bei ca. 18–20°C. Es werden jedoch auch tiefere oder höhere Temperaturen akzeptiert. Man sollte den Tieren jedoch, wie allen anderen Fischarten auch, Zeit lassen, sich an die veränderten Temperaturen zu gewöhnen. Beträgt der Temperaturunterschied mehr als 5°C, ist eine Umgewöhnung in mehreren Etappen unbedingt angeraten.

# Die Pflege
## Vergesellschaftung

Eine Überwinterung im Gartenteich ist in gemäßigten Breiten durchaus unproblematisch, auch bei einer geschlossenen Eisdecke. Alle Hochzuchtformen des Goldfisches, also alle gedrungeneren Varianten, welche bei uns allgemein als Schleierschwanz bezeichnet werden, sind jedoch etwas wärmebedürftiger und sollten nicht bei einer Wassertemperatur unter 10 °C gehalten werden.

### 4. Die Pflege

### 4.1 Vergesellschaftung

Bei dem Goldfisch handelt es sich um eine äußerst friedliche Fischart und ihre Vergesellschaftung mit anderen Fischarten ist recht unproblematisch. Man sollte hierbei jedoch einige Regeln beachten. Eine Haltung zusammen mit tropischen Fischen wäre zwar möglich, vor allem bei den etwas wärmebedürftigeren Hochzuchtformen, doch sollte man dies auf Grund der zu unterschiedlichen Biotope, aus welchen die Tiere stammen, nicht in Betracht ziehen. Auch bedürfen die Goldfische als Kaltwasserfische eine Winterperiode mit mehr oder weniger starker Absenkung der Wassertemperatur, vor allem wenn man gedenkt, mit ihnen zu züchten.

Es kann auch vorkommen, daß die Hochzuchtformen mit längeren Flossen von den tropischen Fischen schikaniert werden und sie dadurch über kurz oder lang erkranken. Obwohl Goldfische andere Fische recht selten tyrannisieren, kann es durchaus vorkommen, daß kleinere Tiere als Futter betrachtet, oder die Weibchen während der Paarungszeit heftig bedrängt werden. Da bei mir schon zweimal verschiedene Jungtiere (Einjährige wurden mit drei ausgewachsenen Löwenköpfen in einem Becken vergesellschaftet) ein Auge verloren haben, was wohl bei zu hastigem Fressen geschehen sein muß, kann ich nur empfehlen, im Aquarium keine Tiere mit zu unterschiedlicher Größe zusammen zu pflegen.

Da Goldfische recht langsame und ruhige Bewohner in unserem Teich oder Aquarium sind, sind sie bei der Fütterung anderen Fischen gegenüber oft benachteiligt. So sollte man im Gartenteich nicht unbedingt die recht lebhaften und schnellen Orfen und Goldorfen zusammen mit einfachen Goldfischen, Komet oder Shubunkin halten, sonst ist bei der Fütterung schon fast alles weg, bis die etwas behäbigeren Goldfische überhaupt mitbekommen haben, daß Essenszeit ist.

Im Aquarium haben wir zwischen verschiedenen Hochzuchtformen eine ähnliche Problematik zu berücksichtigen. Tiere mit ausgeprägter Schleierbeflossung sind kurzschwänzigen und somit schnelleren Tieren immer unterlegen. Das gilt jedoch auch ganz besonders für Tiere mit veränderten Formen der Augen, wie den Drachenaugen, Himmelsgucker oder Blasenaugen. Diese Fische können das Futter nur noch über die Geruchsnerven orten und hängen meist kurz nach der Fütterung an der Oberfläche, wo sie alles einsaugen, in der Hoffnung, daß schon etwas dabeisein wird. Etwas später werden sie dann den ganzen Bodengrund nach herabgesunkenem Futter durchsuchen. Im Wasser schwebendes Futter aufzunehmen ist jedoch eher Zufall.

Etwas anders ist die Problematik bei Tieren mit Nasenbukett. Andere Fische im gleichen Becken könnten versucht sein, die Plüschbälle als Futter zu betrachten und diese abreißen. Eine Vergesellschaftung mit Drachenaugen und ähnlichen Fischen scheint hier eher angeraten zu sein. In diesem Falle sind zwar die Pompons vor den in ihrer Sicht eingeschränkten Drachenaugen sicher, jedoch sind nun die Fische mit Pompons bei der Futteraufnahme etwas im Vorteil, es sei denn, daß auch ihre Sicht durch sehr große Plüschbälle eingeschränkt ist.

Bei den hochköpfigen Formen können die Augen teilweise von den Kopfwucherungen verdeckt werden und durch die mehr oder weniger eingeschränkte Sicht sind diese Tiere, wie auch die Drachenaugen, Blasenaugen und Himmelsgucker bei der Nahrungsaufnahme etwas benachteiligt. Darum ist von einer Vergesellschaftung mit den schnelleren Varianten wie Ryukin etc. abzuraten, welche ihnen meist das Futter vor der Nase wegschnappen.

Die Blasenaugen sind nicht nur beim Fressen etwas unbeholfen und benachteiligt, wobei das Futter meistens vom Boden aufgenommen wird, sondern auch durch die Augenform selbst gefährdet. Darum sollten außer runden Kieselsteinen keine anderen Steine für die Dekoration verwendet werden.

Besonders ein zu scharfkantiger Bodengrund sollte vermieden werden, da sich die Blasenaugen häufig, vor allem jedoch beim Fressen, dicht über dem Bodengrund aufhalten und sich eventuell verletzen könnten.

# Die Pflege
## Vergesellschaftung

*oben links: Zwei eisen-farbige Löwenköpfe mit Fransenschwanz.*

*oben rechts: Sehr schöne, orangefarbene Blasen-augen. Das linke Tier ist aufgrund der Körperfülle deutlich als Weibchen auszumachen. Photos: B. Kahl*

Auch ist darauf zu achten, daß die Blasen nicht von einem zu starken Filter angesaugt und beschädigt werden können. Verletzte Blasen können auslaufen und werden dann nicht mehr regeneriert. Auch sollten diese Tiere niemals mit Netzen aus dem Becken gefangen werden, sondern immer mittels einer kleinen Schüssel. Mit dem Wasser in dieser Schüssel werden sie in das neue Aquarium befördert und dort vorsichtig entlassen.

*unten: Blick in die Verkaufsanlage eines Händlers in Hong Kong: Unten im zweiten Becken von rechts Rotweiße Drachenaugen, dann Schmetterlingsschwänze; in den restlichen Becken Top Ranchus. Photo: A. Lim*

## 4.2 Fütterung

Bei den Goldfischen, die ja zu den Karpfenfischen gehören, handelt es sich um Allesfresser, wobei der Anteil an Pflanzenkost überwiegt. Dies heißt jedoch nicht, daß man ihnen auch alles zur Fütterung vorwerfen sollte. Die Tiere brauchen eine abwechslungsreiche, ausgewogene Ernährung mit vielen Balaststoffen. Dies ist besonders wichtig für die mehr oder weniger stark gedrungenen Hochzuchtformen, deren Verdauungsorgane durch die Körperform verlagert und eingeengt sind.

Goldfische haben einen großen Appetit und schwimmen allzeit hungrig und auf der Suche nach Futter durchs Wasser. Eingewöhnte Tiere kommen sofort an die Frontscheibe des Aquariums, wenn man den Raum betritt und erwarten an der Wasseroberfläche etwas Eßbares. Im Gegensatz hierzu haben sie jedoch keinen Magen im eigentlichen Sinne und können somit keine größeren Mengen an Futter auf einmal aufnehmen. Dem ist bei der Fütterung unbedingt Rechnung zu tragen. Eine Überfütterung ist zum einen aus Gründen der Gesundheit zu vermeiden und zum anderen, um das Wasser nicht zu stark zu belasten und zu verschmutzen. Es sollte darum nie mehr gefüttert werden, als in 10 Minuten gefressen werden kann. Lieber sollte man, falls die Möglichkeit besteht, häufiger, also zwei bis

*Ein super dreifarbiger Löwenkopf (Oranda) mit Fächerschwanz.*
*Photo: A. Lim*

dreimal pro Tag, kleine Portionen verabreichen. Aber, ich wiederhole es nochmals, eine Überfütterung ist unbedingt zu vermeiden! Goldfische sterben weit häufiger an einer Fettleber durch Überfütterung, als daß sie verhungen.

Während der Sommermonate sollte man ruhig einen Fastentag pro Woche einplanen oder kann die Tiere auch mal an einem Wochenende ohne Futter lassen. Sinkt die Wassertemperatur jedoch unter 15°C wird der Stoffwechsel der Tiere reduziert und somit nicht mehr so viel Nahrung aufgenommen, was bei der Fütterung zu beachten ist. Werden die Tiere ganzjährig im Teich gehalten, sollte bei Wassertemperaturen um 8 bis 10°C die Fütterung ganz eingestellt werden, da bei

*Üppig bewachsener Naturteich mit Sumpfdotterblumen, Seerosen, Pfeilkraut, Lilien etc. in der Hottonia e.V. Hierin können Goldfische zwar gehalten werden, aber man wird sie nie mehr sehen.*
*Photo: P. Sicka*

dieser Temperatur die Nahrung nicht mehr richtig verdaut wird. Mit ein wenig Erfahrung wird man aber schon am Verhalten der Fische sehen, wann dies der Fall ist. Die Tiere gehen dann recht langsam und zögerlich an das Futter und zeigen auch keinen großen Appetit.

Doch nun zum Futter selbst. Es sind verschiedene Formen des Futters im Zoofachhandel erhältlich. Hierzu gehört vor allem das Trockenfutter in Form von Flocken, Sticks oder Pellets, gefriergetrocknetes und tiefgefrorenes Futter sowie zum Teil auch Lebendfutter. Die großen Futtermittelhersteller bieten fast alle auch besondere Mischungen für Teichfische oder sogar speziell für Goldfische an.

Flockenfutter ist das ideale Futter für alle Formen bis zur mittleren Größe. Es schwimmt auf der Oberfläche, wird schnell weich und ist dadurch also leichter zu verdauen. Die verschiedenen Hersteller bieten Flockenfutter in den unterschiedlichsten Variationen an und auch pflanzliches Trockenfutter ist erhältlich. Größere Tiere sollten jedoch mit Sticks und/oder kleineren Pellets gefüttert werden. Die Pellets schwimmen an der Oberfläche oder sinken langsam ab, brechen jedoch nicht auseinander und verunreinigen hierdurch das Wasser nicht zusätzlich.

Auch Pellets und Sticks gibt es in verschiedenen Zusammensetzungen. Idealerweise enthalten sie Rohprotein, Lysin, Rohfasern, Rohfette und Rohasche. Manche Sorten sind sogar noch mit Vitaminen oder Spirulina angereichert.

Im Handel sind oft japanische Koipellets erhältlich, welche es üblicherweise in drei unterschiedlichen Körnungen gibt, falls nicht sogar spezielle Goldfischpellets angeboten werden. Die kleine und mittlere Körnung der Koipellets sind auch für Goldfische geeignet und stellen ein ausgezeichnetes Futter dar. Pellets mit Spirulina, einer carotinhaltigen Algenart, fördern besonders eine kräftige Rotfärbung der Tiere. Inzwischen stellen jedoch auch viele europäische und amerikanische Futtermittelhersteller Koipellets her.

Alle Sticks und Pellets sind jedoch vor dem Füttern unbedingt für fünf bis zehn Minuten in Wasser einzuweichen. Trockene Pellets sind schwieriger zu verdauen und quellen meist erst im Verdauungstrakt auf. Sie können, in größeren Mengen verschlungen, gerade bei den gedrungeneren Hochzuchtformen mit ihren verlagerten bzw. eingeengten Verdauungsorganen schwere Verdauungsstörungen

und Schwellungen hervorrufen. Oft hängen solche Tiere, meist sind es immer wieder die selben, für mehrere Stunden mit dem Bauch nach oben an der Wasseroberfläche oder treiben immer wieder nach oben. In schlimmeren Fällen kann das zu Verstopfungen oder gar zum Tode der Tiere führen.

Unter dem Frost- und gefriergetrockneten Futter kommen vor allem rote und weiße Mückenlarven, Wasserflöhe und Tubifex (Bachröhrenwürmer) in Betracht. Hinzu kommen tiefgefrorene Artemia (Salinenkrebse), welche vor allem zur Aufzucht von Jungtieren wichtig sind. All diese Futterarten sind gelegentlich auch als Lebendfutter erhältlich oder können selbst gefangen oder gezüchtet werden.

Beim Verabreichen von Lebendfutter ist jedoch darauf zu achten, daß dies vorher gut durchgespült wird, um ein Einschleppen von Krankheiten zu vermeiden. Dies ist besonders bei den ganzjährig erhältlichen Tubifex zu beachten, welche vornehmlich in sehr stark verschmutztem Wasser leben. In China werden diese in größeren Teichen, deren Boden zuvor mit Hühnerdung bedeckt wurde, gezüchtet und regelrecht geerntet.

Tubifex sind dort neben roten Mückenlarven ein sehr beliebtes Futter zur Konditionierung der Goldfische. Während die roten Mückenlarven wegen einer schnellen Zunahme an Körpermasse der Goldfische als Futter geschätzt werden, verfüttert man Tubifex besonders gern an die hochköpfigen Formen, da hierdurch die Ausbildung üppiger Wucherungen gefördert wird.

Als frische Pflanzenkost kommen neben ungeeigneter Bepflanzung der Behälter vor allem Wasserlinsen, tiefgefrorener, grob gehackter Spinat und tiefgefrorene junge Erbsen in Betracht. Die Erbsen sollten allerdings vor dem Verfüttern aus der sie umgebenden Haut gedrückt werden, weil sie dann leichter aufgenommen werden können.

Besitzer von Warmwasseraquarien können die beim Ausdünnen an- bzw. abfallenden Pflanzenteile ins Goldfischbecken geben, um zu sehen, was eventuell gern von diesen gefressen wird. Das gleiche gilt natürlich für Teichpflanzen, wovon neben den erwähnten Wasser- und Teichlinsen auch die Wasserkresse (*Rorippa*) sehr gern gefressen wird.

Darüber hinaus wird in der chinesischen Literatur zur Goldfischhaltung gelegentlich auch gehacktes Schweine- oder Rinderherz, Schweineleber oder Fischfilet empfohlen. Dies läßt sich gut portionieren und einfrieren. Es ist somit also jederzeit griffbereit, wird aber von Goldfischen nur ungern angenommen und schwer verdaut.

Wesentlich besser und genauso haltbar ist Goldfischpudding, ein Gelatinefutter, welches leider nicht im Handel erhältlich ist. Man kann es jedoch recht leicht aus Vollkornmehl, Fischmehl, Eiern, Gemüse und Vitaminen selbst herstellen, wobei das ganze gekocht und mit Gelatine eingedickt wird. Diese Art von Goldfischpudding wird in großen Fischfarmen normalerweise als Hauptfutter verwendet.

Auch die Verfütterung von Blättern des jungen Chinakohls wird empfohlen und sollte in Betracht gezogen werden. Dieser läßt sich für einige Zeit im Kühlschrank aufbewahren und ist dadurch leicht zur Hand. Nachdem die Mittelrippe entfernt ist, werden die jungen, grünen Blätter in kleine Stücke geschnitten und so verfüttert.

Bei den chinesischen Fischzüchtern sind Teichlinsen und rote Mückenlarven besonders beliebte Futtersorten, weil beide bei den Goldfischen für kräftigere Farben verantwortlich sind, die Mückenlarven fördern darüberhinaus auch noch eine schnelle Gewichtszunahme.

## 4.3 Technik

Neben einem Aquarium für unsere Goldfische benötigen wir auch noch ein wenig Technik für die Filterung, Beleuchtung und Belüftung, ohne die kaum ein Aquarium betrieben werden kann. Alle drei Punkte ließen sich zwar recht schnell abhandeln, doch ist es wichtig, erst etwas näher auf die chemischen Prozesse einzugehen, welche im Wasser ablaufen, damit wir die Anforderungen an die Technik besser verstehen. Erst dann können wir uns wieder unseren Goldfischen zuwenden. Wer sich eingehender für dieses Thema interessiert, für den bietet der Fachhandel verschiedene Bücher, welche sich mit Aquarientechnik und Wasserchemie befassen.

Die Filterung dient dazu, dem Wasser unerwünschte Stoffe zu entziehen, welche durch den Stoffwechsel der Tiere, abgestorbene Pflanzenteile und überschüssiges Futter anfallen. Diese Abfallstoffe bestehen zu einem großen Teil aus Eiweißen (Proteinen), welche relativ viel Stickstoff enthalten. Dieser in den Aminosäuren organisch gebundene Stickstoff wird durch einen Oxydationsprozeß in anorganisches Ammonium umgewandelt.

Das Ammonim ist zwar für die Fische relativ ungiftig, wandelt sich aber recht leicht in für diese sehr giftigen Ammoniak um. Mit steigendem pH-Wert des Wassers wächst auch der giftige Anteil an Ammoniak, welcher sich bei sinkendem pH-Wert wieder in Ammonium umwandelt. So kann sich durch einen plötzlichen Anstieg des pH-Wertes, etwa durch einen Teilwasserwechsel mit zu basischem Wasser oder durch ein Abfallen des $CO_2$-Gehaltes, die Ammoniakkonzentration erhöhen und hierdurch einige Fische plötzlich und ohne ersichtliche Ursache an Ammoniakvergiftung verenden.

Ammonium ist jedoch für alle Aquarienpflanzen eine wertvolle Stickstoffquelle und wird von diesen in einem gewissen Umfang abgebaut. In einem normalen Aquarium ist aber der Fischbesatz im Verhältnis zu den Pflanzen zu hoch, so daß dem Wasser nicht alles Ammonium entzogen werden kann. Das überschüssige Ammonium kann nun durch Oxydation in einem bakteriellen Prozeß, Denitrifikation genannt, über die Zwischenstufe des giftigen Nitrit in relativ ungiftiges Nitrat umgewandelt werden. Dieser Stickstoffabbau findet verstärkt in einem Aquarienfilter statt.

Da jedoch in unserem Trinkwasser ein zu hoher Nitratgehalt unerwünscht ist, werden Sie sich jetzt vielleicht fragen, was mit dem sich immer weiter ansammelnden Nitrat geschieht. Zum einen dient es wiederum als Pflanzendünger und zum anderen kann es durch bakteriellen Abbau oder Teilwasserwechsel entfernt werden. Die Pflanzen müssen das Nitrat jedoch in einem aufwendigen Prozeß mittels Eisen erst wieder in Ammonium umwandeln, bevor sie es nutzen können. Darum ziehen sie das im Wasser gelöste Ammonium als Stickstoffquelle vor.

Auch der bakterielle Abbau, in dessen Verlauf Nitrat bis zum gasförmigen Stickstoff und Sauerstoff reduziert wird, ist problematisch, da er nur in einem anaeroben, also sauerstoffarmen Milieu stattfindet. Dies wird in einer zusätzlichen Filterstufe hergestellt, welche nur langsam von einem Teil des Filterwassers der ersten Stufe durchflossen wird. Dieser Filter muß aber in bestimmten Abständen mit einer Nährlösung geimpft werden, um die Bakterienkultur am Leben zu erhalten. Hat der nicht zu feine Bodengrund jedoch eine gewisse Höhe, so kann sich in den Zwischenräumen ein anaerobes Milieu bilden, worin sich diese Bakterien ansiedeln und in einem, wenn auch

*oben links: Sehr schöner, großer Panda-Löwenkopf mit weißer Kopfwucherung Photo: K.-H. Bernhardt*

*oben rechts: Ein Rotkäppchen, in China auch „Rote Kranichkrone" genannt. Photo: F. Teigler, A.C.S.*

*unten: Rot-schwarzer Hochkopf (Tigerkopf) mit Schmetterlingsschwanz. Diese Färbung heißt in China auch „In Eisen gehülltes Gold". Der helle Fleck auf dem Scheitel wird „Jadesigel" genannt. Photo: B. Teichfischer*

vergleichsweise geringen Umfang, zum Nitratabbau beitragen. Wegen der Vergiftungsgefahr, welche von Ammoniak und Nitrit für unsere Fische ausgeht, sollte man diese Werte des öfteren kontrollieren. Im Zoofachhandel sind hierfür verschiedene Reagenzien oder Meßstreifen erhältlich, welche es auch dem Laien einfach machen, den Gehalt dieser Stoffe nachzumessen. Als Richtwert gilt, daß eine andauernde Konzentration ab 0,02mg/l Ammoniak und 0,5mg/l Nitrit für unsere Fische bedenklich, wenn nicht gar schädlich sind.

Fehlen in neu eingerichteten Aquarien oder bei neuem Filtermaterial die nötigen Bakterien der Gattungen Nitrosomonas und Nitrobakter, kann bei einem zu frühen Besatz mit Fischen die Konzentration von giftigem Nitrit oder Ammoniak ansteigen. Nach etwa drei

Wochen haben sich aber genügende Bakterien gebildet, der Filter ist „eingefahren" und die Umwandlung der Abfallstoffe in ungiftiges Nitrat wird zügig durchlaufen. Auch durch die Verwendung bestimmter Medikamente oder radikaler Algenvernichtungsmittel kann die Bakterienpopulation des Filters gestört oder gar abgetötet werden, wodurch sich ähnliche Probleme einstellen.

Diesen Zeitraum kann man etwas abkürzen, indem man Filter oder Aquarienwasser mit Bakterien „impft". Am einfachsten gibt man hierzu etwas (ungewaschenes) Filtermaterial aus einem eingefahrenen Filter in den neuen oder man mischt dem Wasser ein käufliches Aufbereitungsmittel mit Bakterien bei. Trotz dieser Hilfsmittel sollte man jedoch den Zeitraum bis zum ersten Einsetzen der Fische nicht allzusehr verkürzen. Auf keinen Fall ist es jedoch möglich, die Fische noch am gleichen Tag oder bereits nach einer Woche in das neue Becken einzusetzen.

Doch nun genug der chemischen Vorgänge. Hierzu gibt es genügend Literatur und auch in den aquaristischen Fachzeitschriften finden sich immer wieder Artikel, welche sich hiermit befassen. Aus dem oben kurz angedeuteten Stickstoffabbau, welcher sich durch die Aufnahme von Ammonium und Nitrat durch die Pflanzen und deren „Aufnahme" durch unsere Goldfische zum Stickstoffkreislauf schließt, merken wir jedoch, welche Bedeutung einer guten Fillterung und dem häufigen Teilwasserwechsel zukommt. Weitere Gründe für die saubere Haltung der Fische finden wir auch noch weiter unten bei den verschiedenen Fischkrankheiten.

Der Filter sollte also ausreichend dimensioniert und mit den richtigen Materialien gefüllt sein, um dem Wasser die unerwünschten Schadstoffe zu entziehen. Was heißt aber „aus-

# Die Pflege
## Technik

reichend"? Im Zoofachhandel werden die verschiedensten Außenfilter angeboten, welche mit einer elektrischen Pumpe angetrieben werden, Innenfilter häufig auch mit Luft aus einer Membranpumpe, doch kommen letztere nur für kleinere Aquarien in Betracht. Entsprechend der Leistung dieser Pumpe wird dann das Beckenvolumen angegeben, für welches sie geeignet sind. Ich würde jedoch immer den nächstgrößeren Filter empfehlen und lieber die Durchflußmenge am Filterablauf etwas begrenzen, da hierdurch mehr Volumen für das Filtermaterial zur Verfügung steht.

Als Filtermaterial dient ein spezieller Schaumstoff, welchen es mit großen und mit kleinen Poren gibt, sowie Tonröhrchen oder ähnliches Material, um den Amonnium- und Nitrit abbauenden Bakterien eine möglichst große Oberfläche zu bieten. Diese Tonröhrchen werden zwischen dem groben Schaumstoff, auf der Seite des Zulaufes, und dem feinen Schaumstoff auf der anderen Seite in den Filter gefüllt. Daß der Filter in gewissen Abständen, je nach der Menge des anfallenden Schmutzes viertel- oder halbjährlich, auszuspülen ist, sollte sich von selbst verstehen. Hierbei ist jedoch darauf zu achten, daß immer ein Teil des Filtermaterials ohne gründliche Spühlung wieder in den Filter zurückgegeben wird, um die Bakterienkulturen nicht völlig auszuwaschen.

Die Filterung des Wassers ist beim Gartenteich jedoch weit aufwendiger, da wir mit größeren Wassermengen und somit auch größeren Filtern und stärkeren Pumpen planen müssen. Ideal sind hier sogenannte Vortexfilter als Vorfilter und daran anschließende Filterkammern mit speziellen Bürsten oder anderem grobmaschigem Material wie etwa die bekannten Topfreiniger aus Kunststoff oder auch Lockenwickler. Die Bestückung eines großen Teichfilters mit Tonröhrchen wäre viel zu teuer.

*Ein Park in Su-zhou. Vor dem sehr kunstvoll gearbeiteten Fenster mit Blick auf eine Felslandschaft ein Goldfischglas.*

*Der Wang-shi Park in Su-zhou, der für seine feine Architektur und·seine Waldlandschaften bekannt ist. Su-zhou, am alten Kaiserkanal gelegen, soll nach Hang-zhou der zweitschönste Ort Chinas sein. Die Stadt ist neben dem Han-shan si, dem Frostberg-Kloster vor allem für ihre wunderschönen alten Parks bekannt, von denen sich dort zahlreiche finden. In solchen Parks werden häufig auch Bonsai oder Goldfische ausgestellt: Photos: K.-H. Bernhardt*

Beim Vortexfilter handelt es sich um einen runden Kunststoffbehälter, welcher unten spitz zuläuft und am Boden über einen Ablauf mit Schieber verfügt. Das Wasser strömt von der Seite in den Filter, wo es im Kreise strudelt. Hierbei sinken größere Schmutzteile zu Boden, von wo sie regelmäßig ausgespült werden. Durch einen Überlauf am oberen Rand gelangt das Wasser weiter in den Feinfilter. Gelegentlich werden als Endstufe auch Sandfilter aus der Schwimmbadtechnik verwendet, jedoch erfordern sie relativ starke Pumpen sowie größere Wassermengen zur Reinigung durch Rückspülen. Wesentlich natürlicher und ebenso wirkungsvoll sind Schilfbeete, durch welche das Wasser geleitet wird und in den Teich zurückläuft. Sie benötigen jedoch relativ viel Platz und ein geringes Gefälle, wodurch sie nicht überall eingesetzt werden können.

Eine fast ebenso große Bedeutung wie die Filterung hat der regelmäßige Teilwasserwechsel. Hierdurch werden dem Wasser neben dem überschüssigen Nitrat auch weitere Abfallstoffe entzogen. Mit dem Frischwasser werden neue Spurenelemente zugeführt, aber auch der Härtegrad des Aquarienwassers etwas gesenkt, der ja durch die ständige Verdunstung langsam immer weiter ansteigt.

Generell wird empfohlen, im Aquarium jeden Monat ca. $^1/_3$ des Wassers zu wechseln. Es ist jedoch wesentlich besser für konstante Wasserwerte und weniger aufwendig, wöchentlich etwa 10% des Wassers auszutauschen, welches sich dann auch sehr bequem zum gießen der Zimmerpflanzen verwenden läßt. Dieses „Altwasser" bekommt den Pflanzen wesentlich besser als Leitungswasser und eine Zugabe von Dünger ist nicht mehr erforderlich. Ähnlich verfährt man übrigens beim Gartenteich, indem man mittels einer Tauchpumpe das Wasser zum Sprengen des Rasens verwendet und das sonst benutzte Leitungswasser in den Teich laufen läßt.

Da auch die Bepflanzung für den Abbau von Schadstoffen wichtig ist, muß für ausreichende Beleuchtung gesorgt werden. Am einfachsten und unproblematischsten haben sich hier Leuchtstoffröhren erwiesen. Bei wenigen Pflanzen mag vielleicht eine Tageslichtröhre in Beckenlänge genügen, für üppigeren Pflanzenwuchs und vor allem bei höheren Becken sollten jedoch zwei oder gar mehr Leuchtstoffröhren eingesetzt werden. Hier kann man die verschiedenen Typen wie Tageslichtröhren und spezielle Pflanzenröhren mischen.

Abschließend sollte noch die Belüftung erwähnt werden. In der modernen Aquaristik ist man zwar von der Belüftung mit dem guten, alten Sprudelstein abgekommen, da normalerweise der von einer üppigen Bepflanzung produzierte Sauerstoff ausreicht, doch sollte man in einem Becken mit großen Goldfischen nicht unbedingt darauf verzichten. Zumindest sollten Membranpumpe, Schlauch und Ausströmer vorhanden sein, um bei eventuellen Atembeschwerden sofort reagieren zu können. In einem Goldfischaquarium wird meist die Bepflanzung allein nicht ausreichen, um die Tiere mit genügend Sauerftoff zu versorgen.

### 4.4 Eingewöhnung der Fische

Einer der spannensten Momente in der Haltung von Fischen ist neben dem Einrichten des Aquariums ganz sicher der Kauf unserer ersten Fische, aber gerade dieser bedarf einer besonders guten Vorbereitung. Da wir mit den neuen Tieren ja keine Krankheiten einschleppen wollen (näheres im Kapitel über Krankheiten), sollte immer ein Quarantänebecken bereitstehen, in welches die neuen Tiere gesetzt werden. Aus diesem Grunde sollte man auch den spontanen Kauf von Tieren vermeiden, auch wenn das Angebot noch so verlockend ist. Da wir aber (fast) alle wissen, daß dies oft nur schwer einzuhalten ist, sollte zumindest immer ein leeres Becken vorhanden sein, welches vorübergehend als Quarantänebecken dienen kann.

Durch den Transport stehen die Tiere unter besonderem Streß und sind dadurch anfälliger für Krankheiten aller Art, deren Erreger in fast jedem Aquarienwasser vorhanden sind. Alle neu erworbenen Fische sollten daher für mindestens zwei Wochen in dem Quarantänebecken verbleiben, da dies die größte Latenzzeit der häufigsten Fischkrankheiten ist. Unter Latenzzeit versteht man die Zeitspanne zwischen der Infektion mit dem Erreger bis zum Ausbruch der Krankheit. Auch wenn die Tiere äußerlich vollkommen gesund aussehen und man sie doch so gerne im großen Schauaquarium neben den anderen Tieren bewundern möchte, sollte die Quarantäne unbedingt eingehalten werden.

Zum Angleichen der Temperatur wird der Beutel mit den neuen Fische ungeöffnet in das Wasser des Quarantänebeckens gelegt, wo er ca. 30 Minuten verbleiben sollte. Wie bereits oben erwähnt, sollte das Wasser im Transportbeutel, welches dem bisherigen Hälterungswasser entsprechen dürfte und das im Quarantänebecken keine zu großen Unterschiede bezüglich der Temperatur und des pH-Wertes aufweisen. Ist dies nicht der Fall, so sind die Werte anzugleichen und/oder die Zeitspanne zur Anpassung über 30 Minuten hinaus zu verlängern. Nach etwa der Hälfte der Zeit kann man den Beutel öffnen und etwas Aquarienwasser hinzugeben. Während die Fische noch im Beutel verbleiben, geben wir einige wenige Stückchen Kaliumpermanganat sowie einige Tropfen Methylenblau ins Wasser, um hierdurch eventuell vorhandene Erreger der häufigsten Pilze oder anderer Ektoparasiten abzutöten. In diesem Bad, welches man besser zusätzlich noch belüftet, sollten die Fische für weitere zehn Minuten verbleiben. Danach füllt man langsam weiteres Wasser aus den Quarantänebecken in den Beutel und setzt schließlich die Tiere in das Becken um. Das Wasser des Transportbeutels sollte man wegschütten, um keine zusätzlichen Keime ins Becken zu bringen. In das Wasser geben wir einige Tropfen Malachitgrün zur Vorbeugung gegen Ichthyo und Hauttrüber oder die entsprechenden Medikamente aus dem Zoofachhandel.

Zusätzlich kann man etwas Kochsalz ins Wasser geben, welches ebenfalls zur Vorbeugung von Krankheiten dient. In einer Konzentration von 1g auf 12 Liter Wasser, bei einer Härte von 12°dH (nach Krause), ist dies über einen längeren Zeitraum hinweg völlig unbedenklich. Bei härterem Wasser ist die Konzentration bis auf 3 g pro 10 Liter zu erhöhen, jedoch bereits ab etwa 2 g pro 10 Liter für manche Pflanzen schädlich.

Die Wassertemperatur im Quarantänebecken sollte mindestens 20°C betragen, um die Wirkung der Medikamente zu unterstützen. Ist dies nicht der Fall, ist sie stufenweise anzuheben, wobei Temperaturunterschiede von mehr als 5°C zu vermeiden sind. Haben die Fische offene Wunden oder leiden unter offensichtlichen bakteriellen Erkrankungen, sollte über mehrere Tage Furanol aus dem Zoofachhandel oder Tetracyclin (200 mg pro 10 Liter, verschreibungspflichtig!) ins Wasser gegeben werden.

Haben die neu erworbenen Tiere diese Roß-, bzw. Fischkur gut überstanden, waren sie offensichtlich kerngesund und können nun getrost mit den anderen Tieren zusammengebracht werden.

## 4.5 Überwinterung

Wie bereits oben kurz erwähnt, können alle karpfenartigen Zuchtformen, also Tiere mit einfacher Schwanzflosse, wie der einfache Goldfisch, Komet und Shubunkin, ganzjährig im Teich verbleiben, falls dieser tief genug ist und nicht bis auf den Grund durchfriert. Die Hochzuchtformen waren ja sowieso nur zum „übersommern" im Garten und wandern im Herbst in ihre Quartiere zurück.

Der Wasserstand des Teiches sollte an der tiefsten Stelle ca. 1 m erreichen. Dort beträgt im Winter die Wassertemperatur 4°C, da das Wasser, wie wir uns früher im Physikunterricht anhören durften, bei dieser Temperatur am schwersten ist. Kälteres, beziehungsweise im Sommer wärmeres Wasser, steigt zur Oberfläche.

Friert die Wasserfläche bei tieferen Temperaturen zu, sollten wir dafür sorgen, daß eine Öffnung für den Gasaustausch erhalten bleibt. Dies erreichte man früher recht einfach, indem man ein kleines Bündel Stroh in das Eis steckte. Heute sind jedoch verschiedene Arten von Eisfreihaltern aus Styropor im Fachhandel erhältlich, welche auf der Oberfläche schwimmen und eine Öffnung freihalten. Auch ein Schwimmfilter oder ein Ausströmer, welche die Wasseroberfläche in Bewegung halten, können bei nicht zu tiefen Temperaturen helfen. Keinesfall darf sich der Ausströmer jedoch im Bereich der tieferen Wasserzone befinden, da hierdurch nur das am Teichgrund befindliche, wärmere Wasser wieder an die Oberfläche transportiert würde.

In älterer Literatur findet man gelegentlich die Empfehlung, nach dem Zufrieren des Teiches ein wenig Wasser abzulassen, um somit eine Luftschicht zwischen Eis und Wasser zu bilden. Hierdurch wird aber das Problem nur verschoben, da jetzt die verschiedenen, aus dem Teich aufsteigenden Gase nicht entweichen können und nun ihrerseits den Gasaustausch verhindern. Auf keinen Fall sollte man jedoch versuchen, mit irgendwelchen Gegenständen ein Loch in die Eisdecke zu schlagen. Zum einen werden die Tiere, die diese Erschütterungen über ihr Seitenlinienorgan wahrnehmen, aus der Winterruhe aufgeschreckt und verbrauchen unnötig Energie, zum anderen könnte dies zu Verletzungen der Schwimmblasen führen. Soll ein Loch in die Eisdecke gemacht werden, so sollte dies immer mit Hilfe von heißem Wasser geschehen.

# Die Pflege
## Krankheiten und ihre Vorbeugung

*Ein sehr schöner Kaliko Ryukin. Photo: Mainland Tropical Fish Farm*

Wenn im Spätherbst die Wassertemperatur sinkt, sollte weniger gefüttert werden. Ist das Wasser kälter als 10°C, soll die Fütterung ganz eingestellt werden. Die Tiere zehren nun von den Vorratsstoffen, die sie zuvor angesammelt haben. Bei den Hochzuchtformen, welche im Keller überwintert werden, sollte die Temperatur des Wasser jedoch immer über 10°C liegen, was besonders für die hochköpfigen Arten gilt, um einer Furunkulose vorzubeugen.

### 4.6 Krankheiten und ihre Vorbeugung

Es gibt bereits genügend Spezialliteratur, welche sich mit Fischkrankheiten beschäftigt und deren Behandlung beschreibt. Ein gutes Standardwerk hierzu ist das von Dieter UNTERGASSER, welches keinem Aquarianer fehlen sollte. Weitere Bücher zu diesem Thema finden in der Literaturliste Erwähnung. Dennoch möchte ich hier einige der am häufigsten bei Goldfischen auftretenden Krankheiten beschreiben, um eine erste Orientierung zu ermöglichen.

Natürlich gilt für unsere Goldfische auch der Grundsatz: Vorbeugen ist besser als heilen. Wir sollten daher immer auf eine gute Wasserqualität und sauberes Wasser achten. Verschmutztes Wasser belastet den Organismus der Tiere und macht sie anfälliger für Krankheiten. Bei schlechter Wasserqualität kann beispielsweise die Flüssigkeit in den Blasen der Blasenaugen durch bakterielle Infektionen undurchsichtig werden und die Blasen bekommen blutige Flecken. Sind diese einmal undurchsichtig ist es sehr schwierig, diese Entwicklung wieder rückgängig zu machen. Auch sollten wir die Fische häufig, am besten täglich, für einige Zeit beobachten, zum Beispiel während und kurz nach dem Füttern, da sich die Krankheiten besser heilen lassen, wenn sie rechtzeitig erkannt und behandelt werden. Gesunde Fische gehen schnell ans Futter und fressen gierig. Meist sind sie schon bereit, wenn der Pfleger den Raum betritt.

Kranke Fische sind träge und schwimmen langsam oder hängen bewegungslos auf dem

*Sehr schön geformte Rotweiße Ryukin mit gut ausgeprägtem Sattelrücken. Der Ryukin wurde nach 1680 im Ryukyu-Archipel (jap. Ryukyu retto, das heißt Perlenarchipel) gezüchtet, dessen bekannteste Insel Okinawa ist. Von diesem einst unabhängigen Königreich mit guten Handelsbeziehungen zu China gelangte er nach Japan. Sein Name ist eine Verkürzung von Ryukyu Ginkyo (Ryukyu Goldfisch). Photo: H. J. Mayland*

# Die Pflege
## Krankheiten und ihre Vorbeugung

Bodengrund oder unter der Wasseroberfläche. Auch schaukelnde Bewegungen oder Scheuern an Einrichtungsgegenständen oder am Bodengrund, abgespreizte Schuppen, blutunterlaufene Hautbereiche sowie weiße oder graue Beläge auf der Haut sind Symptome einer Erkrankung.

Dies trifft auch zu, wenn unsere Goldfische trotz guter Futteraufnahme abmagern. Weitere Symptome sind Atembeschwerden, wobei die Fische beim Atmen das Maul weit aufreißen oder die Kiemendeckel abspreitzen. Dies kann aber auch auf Sauerstoffmangel hindeuten, wenn die Wassertemperatur im Teich aufgrund zu starker Sonneneinstrahlung zu sehr ansteigt.

Eine wichtige Vorbeugungsmaßnahme ist die schon oben beschriebene Quarantäne, welche unbedingt beachtet werden sollte. Es passiert selbst erfahrenen Aquarianern immer wieder, daß über vermeintlich gesund aussehende Tiere, welche man zufällig im Angebot sah oder von einem Bekannten günstig erwarb, Krankheiten in den eigenen Fischbestand eingeschleppt werden, weil kein Quarantänebecken bereit stand um die Tiere dort unterzubringen. Ein Fischkauf sollte daher also immer geplant und vorbereitet werden.

*Orangefarbiger Schleierschwanz mit weißen Lippen und Schwanzflossenspitzen. Sehr gut sind die extrem lang ausgezogenen Bauchflossen zu sehen.*
*Photo: K.-H. Bernhardt*

Dabei müssen die Tiere selbst nicht einmal unbedingt schon krank gewesen sein. Allein der Transportstreß und die neuen Beckengenossen, welche sie nicht in Ruhe lassen, können ausreichen, um latent vorhandene

*Orange und Orangeweiße Himmelsgucker. Bei hellen Tieren mit Drachenaugen wirken die Augäpfel oft bläulich.*
*Photo: H. J. Mayland*

Krankheiten zum Ausbruch zu bringen oder den in jedem Aquarium vorhandenen Erregern eine Angriffsmöglichkeit zu bieten.

Sie müssen sich nur einmal den Weg vorstellen, den die Tiere hinter sich haben. In ihren Herkunftsländern, sei es nun China, Hong Kong, Japan oder Singapur werden sie in einer der großen Fischfarmen eingefangen und sortiert. Eventuell werden sie dann verpackt, zu einer Auktion transportiert, verkauft, umgepackt, mit dem Flieger über tausende von Kilometern nach Deutschland transportiert und bei einem Großhändler schließlich wieder ausgepackt. Dort werden sie mehr oder weniger lange gehältert, bis sie wieder eingefangen, verpackt und zum Zoofachhandel transportiert werden, einem weiteren Zwischenstop auf der Reise ins endgültige Domizil. Das bedeutet, trotz größter Sorgfalt aller Beteiligten, natürlich einen nicht unerheblichen Streß für die Fische. Daher kommt der Quarantäne besondere Bedeutung zu.

Gesunde Fische, in sauberem Wasser gehalten, sind weniger anfällig für Krankheiten und vertragen Schwankungen in der Temperatur recht leicht. Sind die Tiere geschwächt und/oder gestreßt, sei es durch die Überwinterung oder durch Transport, sind sie viel anfälliger für die verschiedensten Krankheiten.

Doch nun zu den Krankheiten selbst. Dem unerfahrenen Anfänger wird es etwas schwer fallen, eine Krankheit rechtzeitig zu erkennen oder gar richtig zu diagnostizieren. Da Tierärzte hier meist auch nicht weiterhelfen können, sollte man im Zweifelsfall einen befreundeten Aquarianer zu Rate ziehen oder sich beim örtlichen Aquarienverein erkundigen. Auch gibt es seit einiger Zeit Medikamente verschiedener Hersteller, welche eine Vielzahl von Krankheiten abdecken und speziell auf Kaltwasserfische abgestimmt sind. Eine gezielte Behandlung der Krankheit ist jedoch immer vorzuziehen.

Generell haben wir es mit verschiedenen Erregern zu tun. Hierzu gehören Viren, Bakterien, Protozoen, Pilze, Würmer und andere Ektoparasiten. Die folgenden Ausführungen beruhen auf der persönlichen Erfahrung des Autors. Sie beschreiben im Wesentlichen die Symptome der häufigsten Erkrankungen und erheben keinen Anspruch auf Vollständigkeit. Die Behandlung sollte immer durch Baden der erkrankten Tiere in einem gesonderten Behälter erfolgen, wenn nicht der ganze Beckenbesatz erkrankt ist. In das eigentliche Hälterungsbecken können vorbeugende Medikamente gegeben werden.

Als ein für viele Krankheiten Verwendung findendes Medikament hat sich bei Goldfischen und Koi unser gewöhnliches Kochsalz erwiesen. Es wird vorbeugend oder bei schwachem Befall im normalen Hälterungsbecken als Langzeitbad (1 g auf 12 Liter Wasser bei einer Härte von 12°dH, bei härterem Wasser bis maximal 3 g auf 10 Liter) oder aber in einem gesonderten Behälter als Kurzzeitbad über 10 bis 45 Minuten (15 bis 20 g Kochsalz pro Liter) angewandt (nach UNTERGASSER). Während des Kurzzeitbades sollte man die Fische allerdings beobachten, um dieses bei auftretenden Störungen sofort abbrechen zu können.

Generell läßt sich sagen, das kleinere, schwache Goldfische mit einem schwächer dosierten Medikament bei höherer Temperatur über kurze Zeit behandelt werden sollten, große, kräftige Tiere mit einer leicht erhöhten Dosis in kühlerem Wasser über einen längeren Zeitraum. Im übrigen sollten bei allen Medikamenten die entsprechenden Packungsbeilagen aufmerksam gelesen und entsprechend der Herstellerangaben dosiert werden.

### Bakterielle Flossenfäule
*(Bacteriosus pinnarum)*

Die Bakterielle Flossenfäule, auch kurz *Flossenfäule* genannt, wird durch verschiedene Bakterien der Gattungen *Aeromonas*, *Pseudomonas* und *Vibrio* verursacht und geht hauptsächlich auf schlechte Haltungsbedingungen zurück. Die Flossenfäule ist ansteckend und sollte schnellstens behandelt werden. Im frühen Stadium ist sie oft leicht zu übersehen, da die Flossenränder, vor allem die der Schwanzflosse, anfänglich nur leicht getrübt sind. Später werden die Ränder weiß, die Flossen fransen immer weiter aus, da sich das Gewebe zwischen den Flossenstrahlen zersetzt und sie werden zusehends kleiner. Die Flossenfäule kann jedoch auch im Bereich der Schwanzwurzel auftreten und sich nach außen fortbreiten. Zur Behandlung genügt in leichteren Fällen schon ein Umsetzen in frisches Aquarienwasser, wonach die Krankheit abklingt und die Flossen wieder langsam nachwachsen. Auch kann ein Stoff eingesetz werden, der unter den Namen Acriflavin oder Trypaflavin in Apotheken erhältlich ist. Man dosiert (nach UNTERGASSER) zur Vorbeugung 1 mg pro Liter,

# Die Pflege
## Krankheiten und ihre Vorbeugung

zur Behandlung im Anfangsstadium 3 mg pro Liter und bei starkem Befall in einem gesonderten Behälter 5 mg pro Liter. Es können auch Bäder mit Nitrofurantoin über 15 Tage durchgeführt werden, wobei man (nach UNTERGASSER) eine Kapsel des Medikamentes auf 30 bis 40 Liter Wasser gibt.

Auch Antibiotika wie Tetracycline oder Sulfonamide haben gute Aussichten auf Erfolg, sind jedoch verschreibungspflichtig. Als Medikamente aus dem Zoohandel kommen wiederum solche mit Basischem Brilliantgrün in Frage, erhältlich sind baktopur, furamor-p, General Tonic, u.a.

### Erythrodermatitis
*(Furunkulose)*

Ein Bakterium der Gattung *Aeromonas* ist der Verursacher der Erythrodermatitis. Die Krankheit äußert sich durch eitrige Beulen und Geschwüre von 2 bis 20 mm Größe, welche später aufbrechen und offene, blutige Wunden bilden. An diesen Wunden entstehen dann als Begleiterscheinung Verpilzungen. Die Behandlung mit Sulfonamiden oder Antibiotika entspricht der bei der Schuppensträube beschriebenen. In leichten Fällen verheilen diese Stellen im Frühjahr und bei einer verbesserten Wasserhygiene. Eine ähnlich aussehende Infektion tritt recht häufig unter den hochköpfigen Goldfischen, also solchen mit Kopfwucherungen, in der Überwinterungsphase auf, wenn die Wassertemperatur unter 10°C abfällt. Die Erkrankung äußert sich in Form von gelbweißen Pusteln auf der Kopfwucherung. Werden diese Pusteln aufgestochen, tritt eine eitrige Flüssigkeit aus. Bei einer Verbesserung der Wasserhygiene und einer höheren Temperatur verschwinden diese jedoch wieder.

### Schuppensträube

Die Schuppensträube selbst ist eigentlich gar keine Krankheit, sondern ein Symptom verschiedener Erkrankungen wie der *Bauchwassersucht* und der *Fischtuberkulose.* Brechen beide Krankheiten erst einmal aus, sind sie sehr ansteckend und enden fast immer mit dem Tod der erkrankten Tiere. Da die Erreger normalerweise immer im Wasser vorhanden sind, kommen als Auslöser wiederum schlechte Hälterungsbedingungen in Betracht. Auch werden geschwächte Tiere leichter befallen als gesunde, kräftige Tiere.

Die Bauchwassersucht, welche bei Karpfenfischen, zu denen ja auch die Goldfische gehören, bereits intensiv untersucht wurde, wird u.U. durch Viren ausgelöst, aber meist sind Bakterien die Verursacher. In ihrem Verlauf sammeln sich große Mengen von Körperflüssigkeit in der Leibeshöhle, was der Krankheit ihren Namen gab. Durch diese Flüssigkeitsansammlung wirkt der Fisch aufgedunsen und die Schuppen stehen ab, ähnlich einem geöffneten Tannenzapfen. Dies ist dem normalen Aussehen von Fischen mit Perlschuppen nicht unähnlich, deren Schuppen durch die Ablagerung von Kalziumkarbonat wie abstehend wirken. Aus diesem Grunde sind die Tiere außerhalb Asiens auch nicht sonderlich beliebt.

Zusätzlich können die Augen hervorquellen. Diese Glotzaugen sollten jedoch nicht mit den für die Drachenaugen normalen Formen verwechselt werden. Die Fische liegen oft auf dem Grund oder hängen schaukelnd an der Wasseroberfläche und zeigen meist keinerlei Fluchtreflex mehr.

Eine erfolgreiche Behandlung ist nur im Anfangsstadium möglich. Die erkrankten Fische sollten sofort in das Quarantänebecken überführt und dort mit einem nifurpirinolhaltigen Medikament aus dem Zoofachhandel behandelt werden. Auch eine Behandlung mit Antibiotika wie Tetracyclin hydrochlorid, Chlortetracyclin oder Oxytetracyclin, oder mit Sulfonamiden ist möglich. Alle diese Präparate sind jedoch verschreibungspflichtig.

In China werden Fische im Anfangsstadium der Krankheit für 5 bis 10 Minuten in einer Lösung von 2 % Kochsalz und 3 % doppeltkohlensaurem Natron (Natriumbicarbonat) bei 10 °C gebadet (nach LI ZHEN).

Bei der Fischtuberkulose zeigen sich die gleichen Symptome wie bei der Bauchwassersucht. Hierbei können die Fische aber auch abmagern und dann einen Messerrücken zeigen. Meist verblassen zusätzlich die Farben. Oft verläuft die Krankheit schleppend und es stirbt über einigen Monate hinweg nur ab und an ein Fisch. Es kann jedoch auch vorkommen, daß der ganze Bestand in kurzer Zeit dahingerafft wird.

Eine Behandlung ist nicht möglich und die befallenen Tiere sollten schmerzfrei abgetötet werden. Zwar wurden schon kurzzeitige Erfolge mit Tetracyclin erzielt, doch bricht die Krankheit meist später wieder aus. Unser Augenmerk sollte hier eher auf vorbeugenden

# Die Pflege
## Krankheiten und ihre Vorbeugung

*Zwei Rotweiße gekrönte Perlschupper mit Fransenschwanz. Man beachte die lange ausgezogene Rückenflosse, welche jedoch leider umgelegt ist. Die Kopfwucherung erinnert an zwei Blasen. Diese Form heiß in Japan Hamanishiki. Es ist eine relativ junge Zuchtform aus Hamamatsu, daher der Name „Hama-Brokat". Photo: H. J. Mayland*

*Kaliko Perlschupper. Von oben ist gut die rundliche Form zu sehen, welche durchaus an das Krankheitsbild der Schuppensträube erinnert. Typisch ist auch die relativ kleine, dreilappige Schwanzflosse und der nur schwache Kopfbewuchs. Photo: B. Teichfischer*

Maßnahmen wie gesunder Ernährung und guten Haltungsbedingungen liegen.

### Ichthyo
*(Ichthyophthiriasis)*

Die am häufigsten auftretende Fischkrankheit ist die **Weißpunkt**- oder **Grießkornkrankheit,** auch kurz **Ichthyo** genannt. Im englischen Sprachraum wird dieser Name weiter zu **Ich** oder **Ick** verkürzt und ist so in den Namen von einigen Medikamenten zu finden. Verursacher ist das Wimpertierchen *Ichthyophthirius multifiliis*. Die befallenen Fische zeigen über den ganzen Körper sich langsam ausbreitende, kleine, weiße Pünktchen. Für diese Krankheit gibt es inzwischen genügend Medikamente und sie ist somit recht leicht zu behandeln. Die Heilungsaussichten sind ebenfalls sehr hoch. Bei geringem Befall, also noch während des Anfangsstadiums, ist es auch möglich, die Krankheit durch eine Erhöhung der Temperatur um zwei bis drei Grad zu bekämpfen. Die leicht erhöhte Temperatur sollte auch bei Zugabe von Medikamenten beibehalten werden. Da sich Ichthyo recht leicht ausbreitet, sollte immer der ganze Beckenbesatz behandelt werden.

Zur Behandlung kommen verschiedene Präparate aus dem Zoofachhandel in Frage. Die Gundsubstanz in fast allen käuflichen Ichthyo-Medikamenten ist Malachitgrünoxalat, welches auch aus der Apotheke bezogen werden kann. Es ist jedoch hautreizend und darüberhinaus krebserregend und im Falle des

Verschluckens sehr giftig, weshalb besser auf die im Fachhandel erhältlichen Medikamente zurückgegriffen werden sollte.

### Hauttrübungen
*(Costiose, Chilodonellose)*

Die Hauttrübung, auch **Schleierkrankheit** genannt, ist eine bei Goldfischen häufig auftretende und wiederkehrende Krankheit. Sie zeigt sich meist im Spätherbst oder am Ende des Winters und wird, wie alle anderen Krankheiten auch, besonders durch schlechte Hälterungsbedingungen gefördert.

Verursacht wird sie durch verschiedene Einzeller. Dies ist zum einen *Ichthyobodo necator* (früher:*Costia necatrix*), ein Hautflagellat, also ein sehr kleines Geißeltierchen und *Chilodonella cyprini*, ein im Vergleich zum vorhergehenden Parasiten relativ großer Ciliat (Wimpertierchen), welcher auch großer herzförmiger Hauttrüber genannt wird. Oft sind an den befallenen Stellen neben *Ichthyobodo necator* auch noch weitere Ciliaten wie *Trichodina* sp. oder *Tetrahymena pyriformis* zu finden, welche sich dort festsetzen und von Bakterien ernähren. Als Krankheitsbild zeigen sich beim Vorhandensein von *Ichthyobodo necator* trübe Stellen auf der Haut, welche sich bei starkem Befall ablösen können, so daß dann blutige Stellen sichtbar werden. Beim Befall mit *Chilodonella* bilden sich zuerst trübe, später weißlich durchscheinende Stellen, welche klar umgrenzte kreisrunde oder elliptische Formen haben und verdickt sind. Auch an diesen Stellen beginnt die Haut sich später abzulösen. *Chilodonella* finden sich bevorzugt in der

# Die Pflege
## Krankheiten und ihre Vorbeugung

hinteren Kopfregion bis zur Rückenflosse, können aber auch die Kiemen befallen.

Zur Behandlung dienen bei schwachem Befall Kurzzeitbäder mit Kochsalz. Handelt es sich um *Ichthyobodo necator*, hilft auch eine Erhöhung der Temperatur über 30 °C, bei der die Flagellaten absterben. Bei dieser Temperaturerhöhung muß aber selbstverständlich behutsam vorgegangen werden. Für überwinternde Fische kommt diese Therapie gar nicht in Frage. Als Medikamente kommen solche mit

Basischem Brilliantgrün, Kupfersulfat oder Methylenblau in Frage und sind Bädern in solchen Lösungen vorzuziehen, da die beiden ersten Substanzen giftig sind.

### Hautverpilzungen
*(Dermatomycosis)*

Eine weitere, recht häufige Erkrankung ist der Befall durch verschiedene Pilze, welche Mykosen verursachen. Die Erkrankung wird auch *Fischschimmel* genannt. Verursacher sind Schimmelpilze der Gattungen *Saprolegnia*, *Achlya* und *Dictyuchus*. Diese Pilze sind normalerweise in jedem Aquarium vorhanden und leben von toten organischen Substanzen. Sie befallen die Fische, wenn deren natürliche Abwehr durch eine gesunde Schleimhaut fehlt. Ursachen hierfür können mechanische Verletzungen der Haut und Schleimhaut durch Netze, ausgerissene Schuppen oder Bisse, sowie Veränderungen der Schleimhaut durch abrupte Änderungen der Wasserwerte wie pH-Wert, Wasserhärte, Temperatur usw. sein. Letzteres kann bei-

spielsweise durch Umsetzen oder durch Zugabe von größeren Mengen Regenwassers verursacht werden. Auch bereits vorhandene Schädigungen durch Geschwüre oder Flossenfäule können den Pilzen eine Angriffsfläche bieten. Die Fische haben an den befallenen Stellen einen weißen, watteähnlichen Belag, der mit bloßem Auge sichtbar ist. Wird die Krankheit nicht erkannt und rechtzeitig behandelt, breitet sich dieser Belag immer weiter aus und im fortgeschrittenen Stadium dringen die Pilze in das Körpergewebe ein und die Fische sind nicht mehr zu retten. Diese Krankheit tritt bei Goldfischen hauptsächlich im Frühling auf, weniger häufig sind Fälle während des restlichen Jahres. Bei geringfügigem Befall hilft

*oben: Blick in einen „kleinen" japanischen Miniaturgarten mit Felsen, Wasserfall, bachlaufartigem See mit Koi und klassischer Bogenbrücke bei einem Haus in Kyoto, der alten japanischen Kaiserstadt.*

*links: Bambus mit Steinlaterne im Hokuji Kloster in Kamakura.*

*Liliengewächs an einem künstlichen Gewässer in Japan.*
*Photos: K.-H. Bernhardt*

auch hier eine Erhöhung der Temperatur und eine Verbesserung der Wasserqualität. Zur Behandlung finden Kurzzeitbäder mit Kochsalz oder Kaliumpermanganat (1 g auf 100 Liter Wasser) Anwendung (nach UNTERGASSER), sowie in schweren Fällen eine längere Behandlung mit dem oben schon erwähnten Malachitgrünoxalat. Jedoch sind auch hier im Zoofachhandel genügend Medikamente erhältlich, welchen der Vorzug zu geben ist.

### Kiemenfäule
*(Branchiomycosis)*

Die *Kiemenfäule* tritt vorwiegend bei Tieren auf, welche in stark belastetem Wasser gehalten werden und vor allem in Gartenteichen während der Sommermonate. Sie wird durch Algenpilze der Gattung *Branchiomyces* verursacht, welche sich in den Kiemen festsetzen und das Gewebe zum Absterben bringen.

Befallene Fische haben mit großen Atemproblemen zu kämpfen und schnappen nach Luft. Auch zeigen sie keinen Appetit und stellen das Fressen bald ganz ein. Wird der Kiemendeckel vorsichtig mit einem stumpfen Gegenstand abgespreizt, zeigt sich neben roten, gesunden Kiemenblättchen auch weißes, fauliges und abgestorbenes Gewebe.

Die gleichen Symptome zeigen auch die bakterielle Kiemenfäule und die Kiemennekrose, welche ein stark erhöhter pH-Wert während der Algenblüte in Gartenteichen verursachen kann. Eine genaue Diagnose ist dem Laien nicht möglich. Behandelt wird wiederum mit Kochsalz in Kurzzeitbädern. Auch Medikamente für Fische mit Basischem Brilliantgrün kommen zum Einsatz.

### Weitere Ektoparasiten

Zu den Ektoparasitien gehören auch verschiedene Würmer (z.B. Fischegel) und Krustentiere wie Karpfenlaus und Ankerwürmer. Es gibt unter den vielen Wurmarten mit parasitischer Lebensweise jedoch auch genügend, welche die inneren Organe befallen und somit nicht zu den Ektoparasiten zählen. Darüber hinaus ist ein Nachweis für den Laien schwierig, da viele Arten nur unter dem Mikroskop erkennbar und bestimmbar sind.

An Importtieren, welche in großen Teichanlagen aufgezogen wurden, finden sich gelegentlich Ankerwürmer (*Lernaea*). Eine be-

schleunigte Atmung, mit größerer Wahrscheinlichkeit jedoch abgespreizte Kiemendeckel lassen auf Kiemenwürmer schließen. Verursacher sind Hakensaugwürmer (Dactylogyridae), welche auf Haut und Kiemen der Fische schmarotzen.

Manche dieser Parasiten sind zum Glück recht selten anzutreffen, andere, wie die sehr häufigen Hakensaugwürmer, richten bei ansonsten gesunden Tieren kaum Schaden an. Egel und Karpfenläuse können auch über selbst gefangenes Futter, welches nicht durchgesiebt wurde, eingeschleppt werden. Die Behandlung erfolgt durch Bäder in Kochsalz (Kurzzeitbad), Formalin (giftig! 2–4 ml 35–40 %ige Lösung auf 10 Liter für 30 Minuten) oder mit Medikamenten aus dem Zoofachhandel.

### Kenterkrankheit

Hierbei handelt es sich um keine Krankheit im eigentlichen Sinne, sondern mehr um ein Phänomen, welches gelegentlich bei neu gekauften Tieren auftritt und in der japanischen Fachliteratur unter diesem Namen beschrieben wurde. Die Kenterkrankheit äußert sich, wie der Name vermuten läßt, dadurch, daß Tiere, welche zuvor noch völlig normal im Becken des Händlers schwammen, sich nach dem Umsetzen plötzlich überschlagen und mit dem Bauch nach oben schwimmen. Häufig sinken sie in dieser Position auch zu Boden. Sie bringen sich nach einiger Zeit mit Mühe wieder in normale Schwimmposition, worauf sie jedoch schon bald wieder kentern.

Dieses Phänomen zeigt sich häufiger bei den hochköpfigen Formen und ist möglicherweise auf einen zu großen Temperaturunterschied beim Umsetzen zurückzuführen. Oft ist es eine Folge des Nichtbeachtens der im Abschnitt „Eingewöhnung" beschriebenen Prozedur oder des Umsetzens in Wasser mit einer Temperaturdifferenz von mehr als 5 °C. Eine Erhöhung der Temperatur über mehrere Tage schafft hier in der Regel Abhilfe.

### 5. Zucht

Zwei der meiner Meinung nach drei großen Momente in der Haltung von Fischen wurden schon weiter oben beschrieben. Dies sind die Einrichtung des Aquariums, wobei die aller-

# Zucht
## Vererbung bei Goldfischen

erste Einrichtung eines Beckens ihre ganz besondere Wirkung hat, und der Kauf der Tiere. Den dritten großen Moment für jeden Aquarianer, die Nachzucht seiner Tiere, wollen wir hier nun etwas näher betrachten.

Die erfolgreiche Nachzucht von Aquarien- und Terrarientieren gibt dem Halter eine gewisse Befriedigung, weil hierduch angezeigt wird, daß die Tiere optimal gehalten werden. Auch stellt die Aufzucht der Jungtiere eine weitere Herausforderung an den Halter und bietet eine Vielzahl neuer Erfahrungen. Kommerzielle Aspekte stehen dabei meist im Hintergrund. Es ist jedoch durchaus auch möglich, sich einfach nur an der Schönheit der Tiere zu erfreuen, ohne die Mühen der Nachzucht auf sich nehmen zu wollen.

### 5.1 Vererbung bei Goldfischen

Goldfische befinden sich nun schon seit fast 1.000 Jahren in menschlicher Pflege und werden von ihm vermehrt. Da beim Goldfisch relativ häufig Mutationen, also natürliche Veränderungen der Erbanlagen auftraten und auch heute noch auftreten, war es ein leichtes, durch Selektion und gezielte Vermehrung von Tieren mit ganz bestimmten Merkmalen, diese zu festigen und durch Kreuzungen weiter zu vervielfältigen. So sind bis heute über 300 verschiedene Varianten entstanden und es kommen weitere neu hinzu.

In China wird nun auch die Vererbung der Goldfische immer genauer wissenschaftlich untersucht und diese Ergebnisse fließen vermehrt bei der Nachzucht neuer Varianten ein. Dies kann jedoch nicht Thema dieses kleinen Buches sein und in diesem Kapitel wollen wir uns nur mit der Vermehrung und Aufzucht unserer Goldfische beschäftigen. Detaillierte Informationen zur Vererbung bei Goldfischen findet man bei SMARTT & BUNDELL.

Daß man bei den Goldfischen von Varianten und nicht von Rassen spricht, wie etwa bei Hunden, Hühnern, etc., hat seinen Grund darin, daß unter den Nachkommen einer bestimmten Variante immer auch mehr oder weniger viele Tiere ohne diese Merkmale dabei sind.

Selbst beim einfachen Goldfisch zeigen nicht alle Nachkommen die rotgoldene, sondern unter anderem auch graue bis schwärzliche Färbung. Zwar werden heute bei verschiedenen japanischen Varianten des Ranchu durch die jahrzehntelange, äußerst strikte Selektion mehr reine Nachkommen gezogen als bei anderen Varianten, aber auch hier ist der Nachwuchs nicht 100 %ig „reinrassig".

### 5.2 Eiablage

Doch nun zur eigentlichen Zucht. Wurden unsere Goldfische im Herbst und Frühjahr mit einem proteinreichen Futter gut genährt und kühl überwintert, so erfolgt nach genügendem Ansteigen der Temperatur und der Verlängerung der Lichtperiode im späten Frühjahr die Eiablage ohne besondere Maßnahmen, vorausgesetzt, wir pflegen Tiere beiderlei Geschlechts. Doch dazu gleich mehr.

Dieses Ereignis kündigt sich schon einige Tage vorher an, da sich die Tiere gegenseitig durchs Becken treiben. Dies kann aber auch bei weiblichen Tieren untereinander geschehen, weil die ausgestoßenen Eier gerne gefressen werden. Die erfolgreiche Eiablage erkennen wir jedoch daran, daß das Wasser eines Morgens eine mehr oder weniger starke milchige Trübung angenommen hat. Sind genügend feine Pflanzen wie Javamoos und Hornblatt vorhanden, hängen diese voll mit tausenden von Eiern und sollten baldigst in ein anderes Becken überführt werden, da die Elterntiere sonst den Laich auffressen.

Einfacher ist es jedoch, die Tiere in einem gesonderten Becken zum Ablaichen anzusetzen. Dies geschieht entweder paarweise oder in kleinen Gruppen von einem Milchner mit zwei bis drei Rognern, beziehungsweise zwei Milchnern mit drei bis vier Rognern. Daß alle Tiere den gleichen Variante angehören und keine Fehler aufweisen sollten, versteht sich von selbst.

Der Wasserstand im Ablaichbecken sollte ca. 15 bis 20 cm betragen, bei einer Wasseroberfläche von etwa einem Quadratmeter, bei größeren Laichgruppen auch mehr. Die günstigste Wassertemperatur liegt bei 20 °C. In dieses Becken geben wir als Laichsubstrat feinfiedrige Pflanzen wie Hornblatt, Wasserpest oder Javamoos, aber auch Zweige von Nadelhölzern (Tanne, Thuja, Zypresse etc.) sind geeignet. Es gibt heute auch künstliche Laichschnüre im Handel, sie werden aus Kunststoff hergestellt und sind Flaschenbürsten nicht unähnlich. An diesem Material klebt der Laich fest und entwickelt sich. Vor dem Einbringen ins Zuchtbecken sollte alles Substrat jedoch in einem Bad mit Kaliumpermanganat desinfiziert werden.

# Geschlechtsunterschiede

### 5.3 Geschlechtsunterschiede

*oben links: Ein Rot-weißer Fransenschwanz mit Nasenbukett und Quellkiemen. Photo: H. J. Mayland*

*oben rechts: Ein Brauner Fächerschwanz mit Nasenbukett, mit vier kräftig roten Pompons. Photo: B. Teichfischer*

*unten: Brauner Fächerschwanz mit Nasenbukett, mit orange-weißen Pompons. Photo: B.Teichfischer*

Da ein Rogner von zehn und mehr cm Körperlänge zwischen 6.000 und 18.000 Eier abgeben kann, junge Tiere beim ersten Laichvorgang immerhin noch zwischen 1.000 bis 2.000 Eier, sollte ausreichend Laichsubstrat vorhanden sein. An diesem Substrat haften die meisten der sehr klebrigen, durchsichtigen Eier, welche einen Durchmesser von etwa 1 bis 1,5 mm haben.

Ein Teil des Laiches wird sicherlich zu Boden fallen oder an den Scheiben hängen bleiben, kann sich aber auch dort entwickeln, wenn er nicht zusammenklumpt. Nachdem die Elterntiere wieder entfernt wurden, sollte man zur Vorbeugung von Laichverpilzung etwas Methylenblau (30 mg/l) in das Wasser geben und dieses leicht belüften.

Sollten jedoch verschiedene Varianten gemeinsam gepflegt werden, ist es sicherlich wünschenswert, Tiere mit den gleichen Merkmalen gezielt zur Zucht anzusetzen, um eine möglichst große Zahl gleicher Nachkommen zu erhalten. Hierzu ist es wichtig, das Geschlecht unserer Fische zu kennen. Dies ist jedoch für ungeübte Beobachter nicht leicht, da ein ausgeprägter Sexualdimorphismus bei Goldfischen fehlt. Mit Sexualdimorphismus bezeichnet man die Ausbildung von Unterschieden im Körperbau bei den verschiedenen Geschlechtern.

Generell läßt sich sagen, daß bei weiblichen Tieren auch außerhalb der Laichzeit die Bauchregion größer und fülliger wirkt, als bei männlichen Tieren der gleichen Variante. Bei letzteren sollen die Farben häufig kräftiger ausgeprägt und die Flossen länger sein, als bei weiblichen Tieren gleichen Alters und gleicher Variante. Die Brustflossen der Männchen wirken oft länger und spitzer, zumindest ist aber der erste Flossenstrahl dieser Flossen meist kräftiger und länger als bei weiblichen Tieren. Dafür ist bei diesen der erste Flossenstrahl der Afterflosse(n) etwas dicker und kräftiger als bei den Männchen. Die Region zwischen Afterflosse und After ist viel weicher ausgebildet. Bei den Männchen zieht sich ein harter, fühlbarer Wulst vom Ansatz der Afterflosse(n) zum After, der leicht kielartig aussieht.

Während der Laichperiode wirken die Weibchen noch fülliger und die Männchen entwickeln durch den Einfluß von Sexualhormonen weiße Tuberkel auf den Kiemendeckeln und den ersten Flossenstrahlen der Brustflossen, seltener auch auf dem Kopf und kurz hinter den Kiemendeckeln. Äußerst selten können diese Tuberkel, wenngleich in sehr geringem Umfang, ebenfalls bei weiblichen

## Aufzucht

Tieren auftreten. Auch das spontane Abgeben von Milch oder Rogen durch leichten Druck auf die Bauchregion, oft genügt es schon, die Tiere auf der Hand aus dem Wasser zu heben, kann zur Bestimmung der Geschlechter herangezogen werden.

Viel Übung erfordert es jedoch, das Geschlecht aufgrund der Form von After und Geschlechts-öffnung zu bestimmen. Dies sollte immer unter Zuhilfenahme einer Lupe geschehen. Bei den männlichen Tieren ist die Kloake kleiner und eher länglich-oval, während die des weiblichen Tieres rund und leicht vorgewölbt ist.

### 5.4 Aufzucht

Hat das Wasser eine gleichbleibende Temperatur von 20 °C, beginnen die Fischlarven nach 5 Tagen zu schlüpfen. Bei höheren Temperaturen geschieht dies auch früher. Nach japanischen Untersuchungen sollen sich jedoch zu niedrige oder zu hohe Temperaturen – unter 15 °C oder über 26 °C – ungünstig auf die Entwicklung auswirken. Bei diesen Temperaturen entwickelte Fische zeigen häufig Flossenfehler und andere Anomalien.

Die durchsichtigen Larven unserer Goldfische haben nach dem Schlupf eine Länge von 3–6 mm und hängen für die nächsten zwei bis vier Tage senkrecht an den Scheiben oder anderen Einrichtungsgegenständen. Während dieser Zeit wird der Dottersack aufgezehrt und noch kein Futter angenommen. Erst wenn die Larven am Ende dieses Zeitraumes ihre Schwimmblasen mit Luft gefüllt haben, schwimmen sie waagrecht im Wasser und wir sprechen nun nicht mehr von Larven sondern von der Vorstreckbrut oder auch einfach Fischbrut.

Wegen ihrer geringen Größe benötigt unsere Fischbrut sehr feine Nahrung. Ein hervorragendes Futter sind die winzigen Rädertierchen und andere Infusorien, welche man aus Aufgüssen mit Stroh oder Bananenschalen selbst ziehen kann, doch gibt es im Handel auch flüssiges Aufzuchtfutter von sehr guter Qualität. Ebenfalls sehr bewährt hat sich in China und Japan seit Jahrhunderten das Verfüttern von hartgekochtem Eidotter, welcher durch feinste Gaze, etwa der eines Artemiasiebes, gepreßt und in Wasser aufgelöst wurde. Man sollte hiermit jedoch äußerst vorsichtig verfahren, da das Eigelb sowohl im Kühlschrank, als auch im Aquarium schnell verdirbt und dann die gesamte Brut gefährden kann. Es ist darum bei der Aufzucht besonders wichtig, öfters ausreichend, aber nie zuviel zu füttern und für eine schwache Belüftung und Filterung über einen Schaumstoffschwamm zu sor-

*links: Männliches Tier mit Laichausschlag.*
*Photo: K.-H. Bernhardt*

*rechts: Junge Weiße Löwenköpfe oder besser Löwenkopf-Eierfische (um Verwechslungen mit den Oranda Löwenköpfen zu vermeiden).*
*Im Gegensatz zu den japanischen Büffelköpfen oder Ranchu ist die Schwanzwurzel gerade.*
*Photo F. Schäfer*

*unten: Bunte (Kaliko) Eierfische.*
*Photo: B. Teichfischer*

gen. Nach etwa einer Woche frißt unsere Brut bereits frisch geschlüpfte *Artemia*-Krebschen, kleinste Wasserflöhe, sowie Staubfutter. Gerade die Fütterung mit Artemia und Wasserflöhen ist als Futter für die junge Fischbrut besonders geeignet, weil diese Nahrung Wachstum und Vitalität der Goldfische bereits in einem sehr frühen Stadium fördert.

Für ein gesundes Wachstum der Brut ist aber auch wichtig, daß die Aufzuchtbecken öfters vorsichtig gereinigt werden und nicht überfüllt sind. Als Anhaltspunkt sollte dienen, daß in etwa 30 Liter Wasser nicht mehr als 25 Fischlein mit bis zu 2 cm Länge und höchstens 6 Tiere über 2 cm gehalten werden sollten.

### 5.5 Aussortieren der Brut

Die frisch geschlüpften Larven ähneln ihren Eltern noch wenig, sowohl in der Farbe als auch in den erst rudimentär ausgebildeten Flossen. Völlig unabhängig von der Färbung der Elterntiere ist alle Goldfischbrut nach dem Ausschlüpfen fast farblos und zeigt ein blasses Grau. Dieses färbt sich langsam dunkler, bis die Jungtiere nach einem Monat fast schwarz erscheinen. Nach einem weiteren Monat hellt sich die Farbe vom Bauch her langsam auf, bis nach einem mehr oder weniger langen Zeitraum die endgültige Färbung erreicht ist. Diese Umfärbung entsteht durch eine enzymbedingte Zerstörung bestimmter Pigmentzellen.

Nach ca. 15 Tagen, wenn die Brut eine Länge von etwa einem Zentimeter erreicht hat, wird auch die Form der Schwanzflosse langsam sichtbar. Da sich unter jeder Brut immer wieder Tiere mit mehr oder weniger stark ausgeprägten Charakteristika der Wildform befinden, wird die Fischbrut nach etwa 30 Tagen zum erstenmal sortiert. Die eigentlich unerwünschten Wildformen wachsen schneller als die restliche Brut und sind dieser überlegen. Darum werden alle Fischlein mit Mißbildungen, einfacher oder unregelmäßiger Schwanzflosse, einer unerwünschten Schwanzform und alle Wildformen aussortiert. Bei dieser Gelegenheit kann man auch die restliche Brut der Größe nach sortieren und entsprechend weiter aufziehen, um eventuellem Kanibalismus vorzubeugen.

Nach etwa drei bis vier Monaten werden die jungen Fischlein zum zweiten Mal sortiert, wenn die eigentliche Färbung sichtbar oder fast abgeschlossen ist.

Der Zeitraum bis zum Erreichen der endgültigen Färbung ist bei den verschiedenen Varianten unterschiedlich lang. Die rotmetallischen Tiere sind in der Regel nach sechs bis neun Monaten ausgefärbt, die bunten (kaliko) Varianten beginnen mit der Umfärbung zwar früher, benötigen aber bis zum Erreichen einer stabilen Färbung am längsten. Bei wenigen Varianten fehlt die schwärzliche Jugendfärbung völlig. Hierzu gehören neben den Albinos die bronzefarbenen Tiere, welche eine gelbliche Jugendfärbung haben.

Die Auswahl der Tiere, die zur Weiterzucht behalten werden sollen, erfolgt noch später, wenn alle gewünschten Merkmale deutlich ausgebildet sind. Die Jungtiere können unter günstigen Bedingungen bereits nach einem Jahr geschlechtsreif sein. Gewöhnlich erreichen die männlichen Tiere dieses Stadium jedoch erst im zweiten und die Weibchen sogar erst im dritten Jahr. Bei guter Pflege können die Tiere übrigens bis zu 30 Jahre alt werden.

### 6. Was man beim Kauf beachten sollte

Beim Kauf von Goldfischen gibt es einiges, was man beachten sollte und, je nachdem, wie die Tiere gepflegt werden sollen, im Gartenteich, im Schauaquarium oder als Zuchttiere, sollten sie unterschiedliche Anforderungen erfüllen.

Erstklassige Tiere, welche alle an sie gestellten Forderungen in Form und Farbe erfüllen, sind äußerst selten, da sie nur einen geringen Prozentsatz unter den Tieren einer Brut ausmachen. Entsprechend sind sie besonders wertvoll und sehr teuer. Für gewöhnlich verbleiben solche Tiere für die Weiterzucht in den Fischfarmen und gelangen selten in den Handel.

Aber zu allererst sollten die Tiere natürlich gesund und munter sein, wie ein Fisch im Wasser. Besonders für die gedrungeneren Schleierformen gilt, daß sie kraftvoll und elegant schwimmen sollten. Vom Kauf von Fischen, die sich abnormal und plump bewegen oder gar unbeholfen durchs Becken schießen, sollte man absehen. Wenn die Tiere aus der Schwimmbewegung heraus anhalten, müssen sie ihre Balance halten können und dürfen nicht vorne überkippen oder sich gar überschlagen.

Ist kein Quarantänebecken vorhanden und die zu erwerbenden Tiere sollen sofort zu bereits vorhandenen gesetzt werden, wovon

# Was man beim Kauf beachten sollte

allerdings grundsätzlich abzuraten ist, ist unbedingt auf gesunde Tiere zu achten. Die Tiere sollten keine größeren Verletzungen der Haut oder Flossen aufweisen und frei von Parasiten sein. Kleinere Wunden und geringfügige Verletzungen der Flossen, welche bei den langen Transportwegen immer wieder vorkommen können, heilen bei ansonsten gesunden Fischen leicht aus und sind somit akzeptabel.

Die Gesundheit der Tiere zu beurteilen mag für den noch unerfahrenen Pfleger recht schwierig sein. Leichter zu erkennen ist jedoch der äußerliche Befall mit Pasasiten, Ektoparasiten genannt, wie etwa Karpfenläuse (*Argulus* sp.) oder Ankerwürmer (*Lernaea* sp.). Obwohl diese beiden Parasiten immer wieder in der einschlägigen Literatur erwähnt werden, sind sie eher selten zu finden und vielen nur von Abbildungen in Fischbüchern bekannt. Viele Krankheiten lassen sich jedoch, sofern man sie richtig erkennt, mit den entsprechenden Medikamenten recht leicht behandeln. Erfahrene Pfleger können durchaus, wenn es sich um ausgesprochen schöne Tiere handelt und der Preis stimmt, diese in einem Quarantänebecken wieder gesundpflegen.

Sind die Tiere für den Gartenteich bestimmt, sollten sie einen breiten und kräftig gefärbten Rücken haben, da sie ja ausschließlich von oben betrachtet werden. Von den gedrungeneren Schleierformen, den sogenannten Hochzuchtformen, sollte man als Besatz für den Gartenteich absehen. Wie oben erwähnt, ist jedoch ihre Pflege im Freiland in größeren Bottichen oder Kunststoffbecken während der wärmeren Monate durchaus möglich. Aus diesen Behältern lassen sich die Tiere im Herbst auch wieder viel leichter und vor allem mit weniger Streß für Fisch und Pfleger herausfangen, als aus einem tiefen und bepflanzten Gartenteich.

Fische, die für das Aquarium bestimmt sind, sollten eine große seitliche Oberfläche aufweisen, da sie ja auch hauptsächlich von der Seite betrachtet werden. Aus diesem Grunde ist es natürlich hilfreich, wenn man bereits beim Händler die Tiere von oben oder von der Seite begutachten kann.

Wie bereits erwähnt, sind kleinere Verletzungen der Flossen akzeptabel, da diese leicht wieder verheilen. Jedoch sollte man der Form aller Flossen etwas Beachtung schenken. Die Flossenstrahlen sollten frei von Knoten sein. Die Schwanzflosse sollte offen, hängend oder anmutig ausgebreitet sein, ihr oberer Flossenlappen leicht nach unten gebogen. Tiere mit geradem oder nach oben gebogenem oberen Flossenlappen sollte man vermeiden. Bei Tieren mit gedoppelter Schwanzflosse sollte diese, wenn es sich nicht um Tosakin oder Tiere mit sogenanntem Klemmschwanz handelt, am oberen Rand vollständig geteilt und nicht zusammengewachsen sein, besonders wenn man mit den Tieren züchten möchte.

Die Rückenflosse, wenn eine vorhanden ist, sollte aufrecht stehen und nach hinten ausgebreitet sein. Die Afterflosse sollte paarig ausgebildet sein und von den Lappen der Schwanzflosse überdeckt werden. Sind die Tiere als Schautiere gedacht und sollen nicht zu Zuchtzwecken dienen, sind ganz oder teilweise zusammengewachsene obere Lappen der Schwanzflosse sowie eine einfache Afterflosse durchaus akzeptabel.

Löwenköpfe und Büffelköpfe (Ranchus) haben teilweise Probleme, ihr Gleichgewicht zu halten. Ihr Kopf neigt sich nach unten, wenn sie nicht schwimmen und beim Schwimmen kann es passieren, daß sich die Tiere überschlagen. Dies mag vielleicht sehr lustig aussehen, jedoch handelt es sich hierbei um Tiere minderer Qualität, von deren Kauf man absehen sollte. Tiere aus guten Zuchtstämmen zeigen diese Merkmale nicht. Bei diesen beiden Formen sollte der Kopf breit und massig sein, um dem warzigen Bewuchs genügend Oberfläche zu bieten. Es ist hier jedoch darauf zu achten, daß die Augen nicht von den Wucherungen überdeckt werden. Bei Tieren ohne den für die hochköpfigen Varianten sowie Löwenköpfe und Ranchus typischen warzigen Bewuchs sollte der Kopf eher dreieckig sein, mit einem etwas zugespitzten Maul, was von den Chinesen auch als Mauskopf bezeichnet wird. Haben die Tieren vergrößerte Augen, wie Drachenaugen, Blasenaugen und Himmelsgucker, sollten diese symetrisch geformt sein. Die Flüssigkeit in den sackartigen Auswüchsen beim Blasenauge darf nicht trüb sein und beim Himmelsgucker sollten sich die Pupillen auf einer horizontalen Linie befinden und den gleichen Neigungswinkel haben. In China werden Tiere mit einem roten Ring um den Augapfel bevorzugt. Es gibt Jedoch auch Tiere mit blauen Ringen, und bei den verschiedenen Formen des Shubunkin sind schwarze Ringe wünschenswert.

Unter den Nachzuchten des Ranchu kommt es auch immer wieder vor, daß Fische mit einer Rückenflosse dabei sind. Solche Tiere

# Was man beim Kauf beachten sollte

Oben: Orange-weiße Büffelköpfe oder Ranchu, auf dem Bild rechts in Kalikofärbung. Das obere Tier mit sehr viel weiß, beim unteren der Rotanteil sehr schön auf den Kopf begrenzt. Die Rückenlinie sollte immer eine gleichmäßige Krümmung zeigen. Störende Höcker durch Reste der Rückenflossenanlage sind nicht erwünscht.
Photo: oben B. Kahl, rechts H. J. Mayland

Der Büffelkopf oder Ranchu, wie er in Japan heißt, ist dort der König der Goldfische. Man beachte bei all diesen Tieren die stark gebogene Schwanzwurzel, welche mit der Schwanz-flosse idealerweise einen Winkel von 45° bilden sollte. Bei chinesischen Züchtungen, die ich lieber Löwenkopf-Eierfisch nennen möchte, ist die Schwanzwurzel meist fast gerade. Man beachte ferner die Färbung der Schwanzflosse. Bei zwei Tieren ist sie einfarbig, bzw. farblos, bei zwei weiteren mit einem kräftig roten Ring an der Flossenwurzel. Die Farbrich-tung des Tieres unten rechts bezeichnet man als Sakuranishiki, übersetzt „Kirsch-(blüten)brokat". Photo: H. J. Mayland

werden normalerweise schon recht früh aus der Fischbrut aussortiert. Haben die Tiere je-doch eine vollständig ausgebildete Rücken-flosse, sind sie sicher genauso attraktiv, wie solche ohne und durchaus mit den hoch-köpfigen Formen wie Oranda, Löwenkopf oder Tigerkopf vergleichbar.

Bei Fischen mit Nasenbuquett sollte man dar-auf achten, daß die Pompons groß, kompakt und symmetrisch ausgebildet sind. Hängen die Pompons zu locker herab, werden sie beim Atmen oft eingesaugt und dann wieder aus-gespuckt, oder sie können sich in Pflanzen und Filtern verfangen.

Einfarbige Tiere sollten eine satte, kräftige Fär-bung haben. Bei Tieren mit zwei oder mehr Farben sollten diese nicht verwaschen sein und in gutem Kontrast zueinander stehen. Die Farbzeichnung sollte hübsch gemischt und über den Körper verteilt sein, idealerweise auf beiden Körperseiten ein symmetrisches Muster bildend.

Bei den verschiedenen Varianten des Shubunkin und den bunten (kaliko) Schleier-formen ist eine matte Beschuppung mit zu-sätzlichen metallischen Schuppen erwünscht. Der Anteil von metallisch glitzernden Schuppen sollte jedoch nicht zu hoch sein. Die Grundfarbe ist idealerweise hellblau, jedoch gibt es heute auch Tiere, wo diese über blau-weiß bis fast ins Weiße geht. Gewöhnlich ist der ganze Körper mit einem schwarzen Punkt- oder Streifenmuster bedeckt. Größere rote und/oder orange Flecken sind über den Körper verteilt. Relativ selten und darum besonders begehrt sind Tiere, bei denen die Rotfärbung nur auf den Kopf begrenzt ist.

ISBN: 3-931702-68-5

ISBN: 3-931702-40-5

ISBN: 3-931702-38-3

ISBN: 3-931702-33-2

ISBN: 3-931702-42-1

ISBN: 3-931702-52-9

ISBN: 3-931702-90-1

ISBN: 3-931702-50-2

**In Vorbereitung:**

Korallenfische des Süßwassers: Tanganjika
Die bunte Welt der Lebendgebärenden
Geliebte Monster: Bizarre Fische aus aller Welt
Räuber „große und kleine Raubfische"
Piranhas „Horror oder Legende?"
Herrliche Regenbogenfische
Kleinode im Aquarium „Hochlandkärpflinge"

Dekorative Aquarien :  Ein Amazonasbecken
Dekorative Aquarien :  Ein Seewasserbecken
                       für Einsteiger
Dekorative Aquarien :  Ein Holländisches
                       Pflanzenbecken
Dekorative Aquarien :  Ein Ostafrikabecken
Dekorative Aquarien :  Traumhafte Zwergbunt-
                       barsche aus Südamerika
Dekorative Aquarien :  Ein Paludarium

*weitere Specials*

Aqualognews
DIE ZEITUNG FÜR AQUARIANER          NO 22

**Piranhas und Pirambebas**
– die Hyänen und
Schakale der Flüsse Südamerikas

Fordern Sie kostenlos ein Probeexemplar der **AQUALOG***news* und
unseren Verlagsprospekt an!

Aktuelle Informationen und Neu-
erscheinungen im Internet unter:

**http://www.aqualog.de**

oder direkt beim Verlag:

**AQUALOG Verlag
Liebigstr. 1
D-63110 Rodgau**

**Tel.: +49 (0) 06106 - 69 01 40
Fax: +49 (0) 06106 - 64 46 92
E-Mail: acs@aqualog.de**

# Das AQUALOG - System:
## Informationen und Erklärung

**AQUALOG Bildlexikon**

Das AQUALOG-Team hat es sich zur Aufgabe gemacht, alle Fische der Welt zu katalogisieren, was natürlich ein paar Jahre dauern wird, da von etwa 40.000 Arten auszugehen ist. Wir nehmen uns also immer eine Gruppe von Fischen vor, recherchieren nach den neuesten Erkenntnissen über Herkunft, Eigenschaften und Pflegebedingungen und besorgen uns die entsprechenden guten Fotos, oft aus den entlegendsten Teilen der Welt.

Darüber hinaus bekommt jeder Fisch von uns erstmalig seine individuelle Code-Nummer, die er für immer behält, auch wenn sich sein wissenschaftlicher Name einmal ändern sollte. Das betrifft nicht nur jeden einzelnen Fisch, sondern auch dessen Varianten und zwar in Bezug auf Fundort, Farb- oder Formabweichung, sowie eventuelle Zuchform.

Durch dieses durchdachte System wird jeder Fisch für alle Zeiten unverwechselbar und macht die weltweite Kommunikation, auch bei unterschiedlichen Sprachen, erst möglich. Das bringt sowohl Händlern als auch allen Aquarianern, also der gesamten Aquaristik, entscheidende Vorteile.

Es stellt sich bei jeder Gruppe immer wieder heraus, daß es weit mehr Arten der jeweiligen Fischfamilie gibt, als an Hand der bisherigen Literatur angenommen wird. Ständig werden neue Fische entdeckt oder es kommen Neuzüchtungen auf den Markt.

Ein Lexikon, heute auf dem neuesten Stand wäre also in einem Jahr nicht mehr „up to date". Um der Aquaristik aber Fischbestimmungsbücher in die Hand zu geben, die auch nach vielen Jahren immer noch auf dem aktuellen Stand der Literatur sind, haben wir unser weltweit einzigartiges Ergänzungssystem entwickelt.

Jedes unserer Bildlexika enthält immer tatsächlich alle bei Drucklegung bekannten und verfügbaren Bilder der jeweiligen Fischgruppe. Alle später bekannt werdenden Fische erscheinen als selbstklebende Stickups in der **AQUALOG***news* oder als Bilder auf den Ergänzungsbögen und können in die eigens dafür reservierten Seiten des jeweiligen Bildbandes integriert werden.

Sie sehen also, daß wir Ihnen die neuesten Informationen vom Aquarien-Fachmann für den Aquarienliebhaber anbieten. So erhalten Sie im Verlauf der Zeit ein allumfassendes, nie veraltendes Komplett-Lexikon aller Zierfische, leicht verständlich, handlich und immer griffbereit.

**Die AQUALOG***news*

Die AQUALOG*news* ist die erste internationale Zeitung für Aquarianer im brillanten Vierfarbdruck.
Sie erscheint als deutsch- und englischsprachige Ausgabe mit viel interessanter Information in den Rubriken: Top-Ten, Brandnew, Seewasser, Evergreens, Technik, Terraristik, Fischdoktor und Wasserpflanzen. Dazu kommen Vorstellungen altbekannter und neuer Fische, mit Berichten von Fangreisen etc. Die *news* gibt uns die Möglichkeit, noch eine Woche vor Druckbeginn die neuesten Informationen aufzunehmen und somit alle sechs Wochen ein top-aktuelles Medium zu schaffen. Die meisten Fische sind zur Zeit der Vorstellung auch im Handel erhältlich. Im Abonnement für 12 Ausgaben erhalten die Leser insgesamt 40 Ergänzungsbilder zu den AQUALOG Bild-Lexika.
Das Abonnement bekommen Sie über den Fachhandel oder direkt beim Verlag. Ohne Stickups ist sie in einer Auflage von 80.000 in allen guten Zoofachgeschäften erhältlich. Die **AQUALOG***news* informiert Sie stets über die neu erscheinenden Ergänzungsbögen.

**AQUALOG** *Special*

Wir haben die *Special*- Ratgeber-Serie nicht gedruckt, um das zu wiederholen, was vor 20 Jahren auch schon in der Literatur zu lesen war, wie z.B.: Wie baue ich ein Aquarium?
Das muß heute niemand mehr nach Anleitung montieren. Wir geben hier kurz gefaßt und leicht verständlich die neuesten und wichtigsten Kenntnisse zur Pflege der jeweiligen Fische weiter, um Fehler bei der Haltung möglichst vermeiden zu helfen.

Unser Ziel ist es, das interessante Antistress-Hobby Aquaristik noch populärer zu machen. Verlangen Sie unseren neuesten, kostenlosen Prospekt, in dem alle bisher erschienene und die in Vorbereitung befindliche AQUALOG-Literatur abgebildet und beschrieben ist.

# Literaturhinweise und Bild-Index (Poster)

**Baensch, Hans A. & Paffrath, Kurt u. Seegers, Lothar;** 1992, Gartenteich Atlas. Melle. ISBN 3-88244-024-4

**Bassleer, G.;** 1983. Bildatlas der Fischkrankheiten. Melsungen

**Franke, Wolfgang;** 1990. Faszination Gartenteich. München. ISBN 3-405-13529-X

**Frickhinger, Karl Albert;** 1992. Wohnbiotop Garten, Band I, Anlage und Pflege. Melle. ISBN 3-89356-157-9

**ders.;** 1992. Wohnbiotop Garten, Band II, Die Pflanzen. Melle. ISBN 3-89356-158-7

**ders.;** 1992. Wohnbiotop Garten, Band III, Die Tiere. Melle. ISBN 3-89356-159-5

**Herkner, Hugo;** BLV Gartenberater, Rund um den Wassergarten, Gestaltung und Pflege – Pflanzen und Tiere. München

**Hilble, Robert & Langfeldt-Feldmann, Gabriele;** 1990. Goldfische: Anschaffung, Unterbringung, Pflege, Varianten. Stuttgart. ISBN 3-440-06062-4

**Jansen, Antje;** 1991.Pflanzen für den Gartenteich. München.  ISBN 3-7742-1066-7

**Krause, H. J.;** 1990, Handbuch Aquarienwasser. Kollnburg. ISBN 3-927997-00-5

**ders.;** 1997, Handbuch Aquarientechnik. Ruhmannsfelden. ISBN 3-927997-10-2

**Ladiges, Prof. Dr. W.;** Kaltwasserfische. Melle

**Li Zhen;** 1990. Chinese Goldfisch. Peking, Neptune, NJ , ISBN 7-119-00408-5

**Mayland, Hans J.;** 1994. Goldfische und Farbkarpfen. Hannover. ISBN 3-7842-1108-9

**Nitschke, Günther;** 1991. Gartenarchitektur in Japan. Köln. ISBN 3-8228-0269-7

**Paul, Anthony & Rees, Yvonne;** 1986, 1987. Der Wassergarten – Wie man ihn anlegt, bepflanzt und pflegt. London, München

**Paysan, Klaus;** Beispielhafte Aquarien. Melle

**Pénzes, Bethen & Tölg, István;** 1983, 1993. Goldfische und Kois. Stuttgart. ISBN 3-8001-7215-1

**Reichenbach-Klinke, H.-H.;** 1968. Krankheiten der Aquarienfische. Stuttgart

**ders.;** 1975. Bestimmungsschlüssel zur Diagnose von Fischkrankheiten. Stuttgart

**ders.;** 1980. Krankheiten und Schädigungen der Fische. Stuttgart

**Seike, Kiyoshi; Kudo, Masanobo & Schmidt, Walter;** 1983. Japanische Gärten und Gartenteile. Stuttgart. ISBN 3-8001-6149-4

**Sikora, Horst;** 1980 Gartenteiche und Wasserspiele planen, anlegen und pflegen. Niedernhausen

**Smartt, Joseph & Bundell, James H.;** 1996. Goldfish Breeding and Genetics. Neptune, NJ. ISBN 0-7938-0090-0

**Stadelmann, Peter; 1992,** Der Bach im Garten. München. ISBN 3-7742-1077-2

**Teichfischer, Bernhard.** 1994. Goldfische in aller Welt. Melle. ISBN 3-89356-176-5

**Untergasser, Dieter;** 1989, Krankheiten der Aquarienfische. Stuttgart. ISBN 3-440-06048-9

**Ven, Jo in't.** 1977, 1983. Goldfische und Farbkarpfen. Minden. ISBN 3-7907-0137-8

**Wieser, Karl-Heinz;** Neue Gartenteichpraxis. Melle. ISBN 3-89356-122-9

**FACHZEITSCHRIFTEN:**

**AQUALOGnews**
Verlag A.C.S. GmbH, ISSN 1430-9610

**DAS AQUARIUM**
Birgit Schmettkamp, Verlag, ISSN 0341-2709

**DATZ**
Die Aquarien- und Terrarien-Zeitschrift
Verlag Eugen Ulmer, ISSN 0941-8393

**WEITERFÜHRENDE LITERATUR:**

**Basleer, G. (1996):**
Bildatlas der Fischkrankheiten im Süßwasseraquarium. Augsburg

**Reichenbach-Klinke, H.-H. (1975):**
Krankheiten und Schädigungen der Fische Stuttgart

**Untergasser, D. (1989):**
Krankheiten der Aquarienfische. Stuttgart

# Symbolerklärung

## Ursprung:

ersehen Sie ganz leicht an dem Buchstaben
vor der Code-Nummer:

**A** = Afrika  **E** = Europa  **N** = Nordamerika
**S** = Süd- u. Mittelamerika  **X** = Asien + Australien

## Alter:

die letzte Zahl der Code-Nummer steht immer für
das Alter des fotografierten Fisches:

**1** = klein          (Jugendfärbung)
**2** = mittelgroß   (Jungfisch/juvenil/Verkaufsgröße)
**3** = groß          (halbwüchsig/gute Verkaufsgröße)
**4** = XL            (ausgewachsen/adult)
**5** = XXL           (Zucht-Tier)
**6** = show          (Schau-Tier)

## Herkunft:

**W** = Wildform  **B** = Nachzucht
**Z** = Zuchtform  **X** = Kreuzungs-Form

## Größe:

**...cm** = ungefähre Größe, die dieser Fisch ausge-
wachsen (adult) erreichen kann.

## Geschlecht:

♂ männlich  ♀ weiblich  ♂♀ Paar

## Temperatur:

◁ 18-22°C (64 - 72°F)  (Zimmertemperatur)
▷ 22-25°C (72 -77°F)   (tropische Fische)
△ 24-29°C (75 - 85°F)  (Diskus etc.)
▽ 10-22°C (50 - 72°F)  kalt (Nordamerika/Europa)

## pH-Wert:

pH 6,5–7,2 keine besonderen Ansprüche (neutral)
pH 5,8–6,5 liebt weiches u. leicht saures Wasser
pH 7,5–8,5 liebt hartes u. alkalisches Wasser

## Beleuchtung:

○ hell, viel Licht / Sonne
◐ nicht zu hell
● fast dunkel

## Futter:

☺ Allesfresser, Trockenfutter, keine
  besonderen Ansprüche
☹ Lebendfutter, Gefrierfutter
☹ Fischräuber, Futterfische füttern
☺ Pflanzenfresser, Pflanzenkost zufüttern

## Schwimmverhalten:

⊞ keine besonderen Eigenschaften
⬆ im oberen Bereich/Oberflächenfisch
⬇ im unteren Bereich/Bodenfisch

## Aquarium-Einrichtung:

▭ nur Bodengrund und Steine etc.
▣ Steine/Wurzeln/Höhlen
▨ Pflanzen-Aquarium mit Dekoration

## Verhalten/Vermehrung:

♥ Paarweise oder im Trio halten
⇌ Schwarmfisch, nicht unter 10 Exemplaren halten
➤ Eierleger
➤ Lebendgebärer
➤ Maulbrüter
⬟ Höhlenbrüter
➤ Schaumnestbauer
◌ Algenvertilger/Scheibenputzer (Wurzeln+Spinat)
◇ leichte Pflege (für entsprechende Gesellschaftsbecken)
⚠ schwierig zu halten, vorher Fachliteratur beachten
☠ Vorsicht, extrem schwierig, nur für erfahrene Spezialisten
θ die Eier benötigen eine spezielle Behandlung
§ geschützte Art, (WA), „CITES"
  Sondergenehmigung nötig

| Mindestgröße des Aquariums | | | Inhalt: |
|---|---|---|---|
| ss̄ | sehr klein | 20–40 cm | 5–20 l |
| s̄ | klein | 40–80 cm | 40–80 l |
| m̄ | mittel | 60–100 cm | 80–200 l |
| L̄ | groß | 100–200 cm | 200–400 l |
| XL̄ | sehr groß / XL | 200–400 cm | 400–3 000 l |
| XXL̄ | extrem groß / XXL | über 400 cm | über 3 000 l |
| | | | (Schauaquarien) |

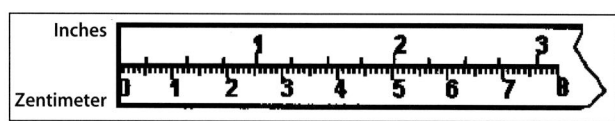

| | Inches | 1 | 2 | 3 |
| Zentimeter | 0 1 2 3 4 5 6 7 8 | | | |

## Erklärungen der Abkürzungen in den wissenschaftlichen Namen

**Beispiel:** Belontia signata jonklaasi Benl & Terofal, 1975
Gattung  Art  Unterart  Erstbeschreiber, Jahr der Veröffentlichung

**sp.:** die Art ist bislang nicht bestimmt

**sp. aff.:** ähnliche Art
Es handelt sich um eine bislang unbestimmte Art, die
einer bekannten Art jedoch sehr ähnelt

**cf.:** höchstwahrscheinlich diese Art
Erklärung: Die vorliegenden Exemplare weichen in gewissen Details von der Originalbeschreibung ab, jedoch
nicht so gravierend, daß es sich dabei mit einiger Wahrscheinlichkeit um eine andere Art handelt

**Hybride:** Mischling zwischen zwei Arten

**ssp.:** Unterart
Einige Arten haben ein sehr großes Verbreitungsgebiet;
innerhalb dieses Gebietes gibt es Populationen, die sich
äußerlich zwar deutlich von anderen Populationen unterscheiden, genetisch jedoch zur gleichen Art gehören.
Solchen Populationen erhalten als geografische Unterart
einen dritten wissenschaftlichen Namen. Ist die Unterart
bislang unbestimmt, so steht hier nur ssp.

**var. :** Variante
Individuelle Abweichungen in der Farbe, die nicht geo-
grafisch fixiert werden können, werden als Varianten bezeichnet. Sie erhalten keine eigene wissenschaftliche Bezeichnung.

**Intergrade:** gemischte Population zwischen zwei Unterarten